非物质文化遗产传承与数字时代图书馆功能的扩展研究

刘自强　邹积超　王　芳／著

吉林人民出版社

图书在版编目（CIP）数据

非物质文化遗产传承与数字时代图书馆功能的扩展研究 / 刘自强，邹积超，王芳著. -- 长春：吉林人民出版社，2021.5
ISBN 978-7-206-18094-1

Ⅰ.①非… Ⅱ.①刘… ②邹… ③王… Ⅲ.①非物质文化遗产—保护—研究—中国②图书馆功能—研究—中国 Ⅳ.① G122 ② G259.2

中国版本图书馆 CIP 数据核字 (2021) 第 087933 号

责任编辑　郭　威
装帧设计　上师文化

非物质文化遗产传承与数字时代图书馆功能的扩展研究
FEI WUZHI WENHUA YICHAN YU SHUZI SHIDAI TUSHUGUAN GONGNENG DE KUOZHAN YANJIU

著　者：	刘自强　邹积超　王　芳
出版发行：	吉林人民出版社（长春市人民大街 7548 号 邮政编码：130022）
咨询电话：	0431-85378007
印　　刷：	长春市昌信电脑图文制作有限公司
开　　本：	145mm × 210mm　32开本
印　　张：	5.75　　　字　　数：140 千字
标准书号：	ISBN 978-7-206-18094-1
版　　次：	2021 年 5 月第 1 版　印　次：2021 年 5 月第 1 次印刷
定　　价：	46.00 元

如发现印装质量问题，影响阅读，请与出版社联系调换。

中共山东省委党校（山东行政学院）创新工程科研支撑项目成果

绪　论

在人类社会，非物质文化遗产作为历史文明的伟大结晶，与物质文化遗产共同组成了宝贵的文化遗产。物质文化遗产的突出特征是可见性，而非物质文化遗产则恰恰相反，它看不见、抓不着，囊括着人类诞生以来的文化记忆，展现出显著的活态性与流变性。正因为非物质文化遗产的不可见性，促使其成为更易被人们忽视、遗忘的财富。许多非物质文化遗产就是在这种情况下被逐渐忘却、濒危，乃至彻底消失于世界。由此可见，在人类社会发展的进程中，除了追逐更加美好的未来以外，还要重视保护并传承前人留下的非物质文化遗产。

伴随着全球化的脚步日益加快，人们所获得的信息也越来越多元化，除了接触本国文化以外，还能够通过互联网渠道了解到国外的文化。现如今，国家与国家之间的交流、合作不仅仅局限在经济领域，已经延伸到了文化领域，并且文化所占据的地位越来越重要。人类历史的发展是极其漫长的，对于每个民族而言，都有专属自身的记忆，而这些文明脉络的延续离不开良好的保护与传承。现代社会，人们的生活节奏较快，物质生活水平大大提高，与此同时，对文化艺术的精神需求水平越来越高。单单依赖传统博物馆的艺术作品，已经难以满足人们的相关需求，由此更加凸显出非物质文化遗产的重要性。2003年10月,联合国教科文组织(UNESCO)颁布了《保护非物质文化遗产公约》,自此非物质文化遗产的保护事宜受到了世界各国的关注。但是在非物质文化遗产的具体保护和管理方面,各国都陷入了各种各样的困境,保护机制尚不成熟,文化传承也暴露出了诸多问题。

事实上,早在20世纪初,就有学者致力于文化信息的保护,除了采取文本手段以外,还充分利用了摄影和摄像等手段。但是当时的这些手段较为落后,即便顺利保存了一些文化遗产,但能够保存的文化遗产有限,且保存时间也不长久,很多图像出现了失真现象,录像的清晰度也随着时间的推移而迅速降低。随着科学技术水平不断提高,多媒体图像处理技术也愈发先进,发展到20世纪末,非物质文化遗产数字化保护技术应运而生,在非物质文化遗产的保护领域发挥着不可替代的关键作用。所谓数字化保护技术,其实就是基于传统的计算机系统,充分整合了多媒体技术、人工智能技术、虚拟现实技术以及大数据技术等国际领先的信息技术,以此来生成文字、图片、影像以及三维数据等再创造信息,可供后人清晰明了地查询、观看,从而实现对非物质文化遗产的长久保存,助力非物质文化遗产的传承。显然,数字时代的到来,让数字化技术的价值得以充分体现。

中国作为四大文明古国之一,拥有着上下五千年的悠久历史,民族众多,流传下的文化遗产也格外的灿烂丰富,在整个世界文明史上的地位都是不可取代的。以古巴比伦文化、古印度文化、古埃及文化等为代表的曾盛极一时的文化，有些消失了，有些中断了，还有些衰败了。只有生命力强大的中华文化绵延至今，仍旧为一代又一代的中华儿女提供着不竭的精神力量。改革开放以来，我国的经济快速发展，针对非物质文化遗产的保护力度也大大增强，特别是近年来，弘扬传统文化更是深入人心。非物质文化遗产文化的保护与传承有着深刻的文化意义，从国家和民族的角度来看，更具战略发展意义。民风民俗、传统技艺等的保护事关人类文明脉络的延续，也事关中华民族精神的振兴以及民族凝聚力的加强，更有助于推动中华民族的伟大复兴。我国的非物质文化遗产众多，从剪纸到服装，从音乐到舞蹈，它们展示着中国人的理想与审美，是中华民族的重要标志。当前，在相关政府部门的领导下，我国的非物质文化遗产的保护工作正在有序进行，并取得了许多成果。但我们应当明白的是，某个部门或某个人的力量在全部非物质文化遗产的保护中是微不足道的，只有社会各界都参与进来，才有可能良好地完成这项任务。2005年8月15日，国务院办公厅发布了《关于加强我国非物质文化遗产保护工作的意见》，该意见强调了非物质文化遗产的保护工作急需社会各界的参与，并指出应当充分发挥各级图书馆、文化馆、博物馆、科技馆等公共文化机构的作用。而图书馆集结着人类的智慧，学者杜定友将图书馆誉为"社会上一切人的公共的脑子"，因此在非物质文化遗产的保护中，应充分发挥图书馆的社会职能，为非物质文化遗产的保护贡献力量。

目 录

第一章 非物质文化遗产 ………………………………………… 1
第一节 非物质文化遗产的概念 ………………………………… 1
第二节 非物质文化遗产的内容及特征 ………………………… 5
第三节 非物质文化遗产保护的发展历程 ……………………… 14
第四节 非物质文化遗产及其保护的重要价值 ………………… 23

第二章 我国非物质文化遗产数字化保护现状及存在的问题 … 32
第一节 我国非物质文化遗产数字化保护现状 ………………… 32
第二节 我国非物质文化遗产数字化保护存在的问题 ………… 46

**第三章 图书馆在非物质文化遗产保护和传播过程中的
地位、职责和作用** ……………………………………… 67
第一节 积极参与和配合非物质文化遗产的保护 ……………… 67
第二节 收集非遗资料并保护文化多样性 ……………………… 72
第三节 整理非遗资料并从事非遗研究工作 …………………… 76
第四节 宣传推广非遗项目并发挥教育作用 …………………… 81
第五节 交流与共享非物质文化遗产信息资源 ………………… 86
第六节 参与非遗专题知识库的组织 …………………………… 91
第七节 拓宽非遗保护路径并深化自身职能 …………………… 95

第四章 数字时代图书馆功能的再定位 ………………………… 100
第一节 数字时代概述 …………………………………………… 100

5

第二节	国内外对图书馆功能定位的基本观点	113
第三节	数字时代图书馆功能再定位的必要性及依据	115
第四节	数字时代图书馆的建设方案	126
第五节	数字时代图书馆建设的保障措施	132

第五章 非物质文化遗产传承与数字时代图书馆功能的扩展 · 138

第一节	非物质文化遗产资源收藏与整理的数字化	138
第二节	非物质文化遗产教育推广的网络化	142
第三节	非物质文化遗产交流共享的全球化	145
第四节	带动良好非物质文化遗产信息环境的打造	148
第五节	非物质文化遗产数据库特色化及分类检索体系创新化	153
第六节	非物质文化遗产信息服务模式的个性化与多元化	159
第七节	数字化技术辅助下的非物质文化遗产传承创新化	164
第八节	非物质文化遗产记忆留存的全面化与鲜活化	167

参考文献 173

第一章 非物质文化遗产

第一节 非物质文化遗产的概念

经过学者们数十年的研究与总结,非物质文化遗产的名称得以产生和确定。自 2003 年 10 月联合国教科文组织颁布《保护非物质文化遗产公约》以来,学术界开始普遍应用该名称。关于非物质文化遗产概念的界定,笔者主要从文化、遗产、非物质文化遗产三方面入手展开论述。

1. 文化

在《辞海》中,从广义的角度出发,文化是指人类在生产活动中所获得的物质生产能力和精神生产能力以及所创造的物质和精神财富的总和;从狭义的角度出发,文化仅仅包含精神生产能力及精神产品,将所有的社会意识形式囊括在内。但文化作为一种历史现象,其发展自然具备着历史的典型特征——继承性。倘若将社会背景定位于阶级社会,那么文化又能够彰显出阶级性。此外,文化还具备地域性和民族性,并由此推动了人类文化多元性的发展进程。文化不仅反映着某个社会阶段的政治形态与经济状况，也会对政治形态、经济状况产生非同寻常的影响。除了《辞海》中的释义，文化还有两种含义，一方面是泛指一般知识，另一方面则是对我国古代封建王朝所施行的政治与教化的统称。

2. 遗产

《辞海》中对"遗产"概念的界定有着双重含义。首先是将遗产界定为公民在离世后，遗留下的所有属于个人的合法财产，由财物和债权共同组成；其次是将遗产界定为历史遗留的财富，其中既包含物质遗产，也包含文化遗产，不过对文化遗产的倾向性更明显一些。在西方，"韦伯斯特在线词典"则给予了遗产三重含义。首先是指先辈留传给后辈的财产；其次是指后辈从先辈手中得到的物品或者传递的传统；最后是指由于自然属性或者生来即拥有的事物。总体来看，西方和东方在对遗产概念的界定上殊途同归，包含物质财富和精神财富两个方面。

通过对文化、遗产两词的界定分析，我们可以了解"文化遗产"这一合成词的内在释义。文化遗产包含人类历史遗留的有形的物质性事物，也包含无形的精神性事物。

3. 非物质文化遗产

在 2003 年《保护非物质文化遗产公约》颁布前，非物质文化遗产的内容都是被涵盖在世界遗产、文化遗产以及自然遗产之中的。直到联合国教科文组织颁布的公约中规范使用"非物质文化遗产"的名称后，学术界才开始将"非物质文化遗产"作为一个公认的专属词汇使用。虽然名称统一了，但针对"非物质文化遗产"的概念界定还没有完全统一，在官方版本中具有代表性的有以下两种。一是《保护非物质文化遗产公约》中对非物质文化遗产的定义，即所有被个人、群体、组织看作自身文化遗产的知识、技能、表演、实践以及与之相关联的文化艺术品、工具、文化场所等都涵盖于非物质文化遗产的范畴；二是2005年国务院办公厅颁布的《国家级非物质文化遗产代表作申报评定暂行办法》中对非物质文化遗产的定义，即各族人民一代又一代绵延相传的、与社会大众的日常生活息息相关的所有文化表现形式以及文化空间等就是非物质文化遗产，这是我国官方对非物质文化遗产概念的界定。上述两类定义方式，一个是从世界角度出发，一个是从民族角度出发，从一般到特殊，在非物质文化遗产的研究领域都具有不可取代的指导意义。

非物质文化遗产不仅仅是一种文化，也不应将其看作单纯的信息，它还囊括着人类社会的记忆，折射着古往今来的人类文明。图书馆之所以能够在非物质文化遗产的保护中发挥光和热，是因为图书馆本身就具备着完成这项任务的职能，同时肩负着这项使命。1975年，国际图书馆协会联合会明确了图书馆具备的社会职能，其中除了人类智力资源的开发、科学情报的传递、社会教育的开展以外，突出强调的便是人类文化遗产的保存。事实上，联合国教科文组织也曾经就公共图书馆的社会使命进行了明晰的说明，即应当承担起唤醒并提升群众文化遗产意识、提高艺术鉴赏水平、推动科学技术创新、展示多元文化艺术、保存并传播民族传统文化以及为异国文化交流提供桥梁等使命。总的来看，图书馆所具备的社会职能与非物质文化遗产的保护有着千丝万缕的关系。由于笔者所探讨的重点除了非物质文化遗产的传承以外，还有数字时代图书馆功能的拓展，因此对非物质文化遗产的界定也应当结合图书馆的社会职能与使命，从全新的角度赋予非物质文化遗产新的内涵。

一方面，非物质文化遗产是重要的人类知识形态，这直接就能让我们联想到图书馆，因为图书馆就是一个储藏知识、展现知识的地方。知识其实是一个涵盖面较为广阔的概念，不同的领域对知识的定义不同，直接呈现出多样化发展的趋势。在这里，我们主要参考《辞海》中对知识的释义，主要包括三层含义。一是指人类通过社会实践所产生的认识成果，该成果并非一蹴而就，而是会经历从经验知识到系统科学理论的演变，还会随着时间的推移而积累和发展；二是指人类社会所产生和积累的学术文化；三是从字面角度理解的相识、朋友的含义。而非物质文化遗产恰恰与知识的第一层含义不谋而合，它是人类认识的成果，那么自然就是人类知识的重要组成部分。与此同时，伴随着时代兴替，非物质文化遗产也变得越来越丰富。既然非物质文化遗产是人类知识体系的构成部分，自然与图书馆有着密切的关系，图书馆应当对非物质文化遗产这一人类知识进行保护与利用。另一方面，非物质文化遗产是人类记忆的结晶，是人类社会发展过程中遗留下来的可以追溯过往的事物。每个地域、每个民族都有着各自与众不同的历史，并形成记载地域记忆或民族记忆的非物质文化遗产，而这些也都是人类的记忆。图书馆有一个重要的功能就在于储存人类记忆，并且能够为人类再现记忆，从这个角度出发，图书馆也可以良好地储存非物质文化遗产。综上，我们可以将非物质文化遗产定义为人类知识与人类记忆的总和，而图书馆则可以在非物质文化遗产的保护和传承中扮演关键角色。

第二节 非物质文化遗产的内容及特征

根据《保护非物质文化遗产公约》，非物质文化遗产即是指被各群体、团体、有时为个人所视为其文化遗产的各种实践、表演、表现形式、知识体系和技能及其有关的工具、实物、工艺品和文化场所；而根据《中华人民共和国非物质文化遗产法》，非物质文化遗产即是指各族人民世代相传并视为其文化遗产组成部分的各种传统文化表现形式，以及与传统文化表现形式相关的实物和场所。非物质文化遗产包含的内容范围较广，并展现出其自身独有的鲜明特征。

1. 非物质文化遗产的内容

非物质文化遗产的内容主要包含六个方面。

一是口头传统和表述。口头传统英文译为 Oral Tradition，国外有些学者将其简称为 OT。从广义角度讲，人类用声音交流的所有形式都可以纳入口头传统；从狭义角度讲，口头传统只包括歌谣、史诗、故事等在内的源于传统社会的语言艺术。自 20 世纪 80 年代以来，联合国教科文组织日益重视人类非物质文化遗产的保护，并将口头传统和表述纳入了非物质文化遗产的范畴中，突出强调了对口头传统和表述的保护。2008 年至 2011 年三年间，联合国教科文组织总共公布了 267 项非物质文化遗产，其中口头传统占比 23.97%，共有 64 个项目。不同地域、不同民族的口头传统的界定角度都有差异。口头传统是一种信息交流技术，同时能够与多样化的艺术结合为复合形态的艺术。除了扮演着交流方式、信息技术的角色以外，口头传统有时候还属于表演艺术，比如申报于芬兰的《卡勒瓦拉》（又名《英雄国》），它是芬兰的民族史诗，展现着芬兰的民族情感，从多个侧面展现了芬兰的社会生活，同时富有神话色彩。另外，口头传统对语境的依赖程度是非常高的，与文化空间的关系也颇为密切。

二是表演艺术。表演艺术是表现生活的一种艺术，形式多样，包含曲艺、话剧、音乐、舞蹈和杂技等，能够塑造出特定的形象，并向观众传达情绪和情感，良好的表演艺术能够引发观众的共鸣，使人产生代入感。而表演艺术类非物质文化遗产就是在各民族中代代相传，并被个人或群体看作文化遗产的部分，传统音乐、传统曲艺、传统戏剧以及杂技等都属于表演艺术类非物质文化遗产。早在上古时期，表演艺术就已经萌芽，在经过长时间的传承和发展以后，艺术魅力愈发强烈，如今已经成为人们日常生活中不可或缺的娱乐方式。常言道，艺术源于生活，表演艺术同样也源于劳动人民的生活实践，并融入了劳动人民的非凡智慧，展现出人们心中的梦想。表演艺术的出现，给大众带来了难得的生活乐趣与精神享受，也丰富着人类的文明记忆。截至目前，我国纳入非物质文化遗产名录的表演艺术有昆曲、古琴、长调以及十二木卡姆等，在全部非物质文化遗产中所占的比重是较大的。但从另一个角度来看，能够纳入非物质文化遗产名录的表演艺术，必然是容易走向濒危乃至消亡的项目。由此可见，我国在表演艺术类非物质文化遗产的保护方面任重而道远。表演艺术的最突出特征当属变异性，它会随着时间的推移、表演人的变化以及外部环境的转变等而发生变异，可能是形态的改变，可能是内容的改变，也可能是价值性的改变。

三是社会风俗、礼仪、节庆。社会风俗也可以称为民俗，也就是在民间产生的文化。历史的车轮不断向前滚动，国家、民族、群体以及个人的生活背景也在发生变化，身处不同地域、不同时代的国家、民族、群体以及个人便会形成迥异的风俗习惯。民族文化凝结着整个民族的智慧、精神及品性，是由全民族创造的文化现象。中华民族拥有着五千年的悠久历史，形成了独一无二的节日民俗文化，这些即是中华民族的外在标识，同时是民族文化传承的重要方式。在深入研究我国的节庆民俗文化后就会发现，先人对自然的认识、对自然的改造、对自然的利用等智慧都已然融入其中。社会风俗、礼仪、节庆类的非物质文化遗产种类繁多，涵盖了婚丧嫁娶、生产劳动、宗教信仰、名人纪念等数种类型。在我国的节庆礼仪中，大多数都或多或少有着宗教的影子，主要表现为宗教祭祀与宗教崇拜，后者则囊括着祖先崇拜、图腾崇拜以及自然崇拜三方面的内容。在人类社会中，婚丧嫁娶的仪式感最为强烈，并由此演化出丰富多样的节庆礼仪，不同地区有所不同；节日民俗则主要以庆祝为主，每个节日都有独特的庆祝方式，不过基本都与饮食有着千丝万缕的关系。在节日里，人们祈求风调雨顺、平安健康，节日礼仪中寄托着人们类似的美好愿望。少数民族的节日更是非常的多元化，比如傣族的泼水节、彝族的火把节等，都彰显着少数民族独特的信仰，也表达着少数民族美好的夙愿。民俗节庆礼仪有着鲜明的传承性和仪式性，是集体的产物，也是在集体中传承下去。

四是有关自然界和宇宙的知识和实践。我国劳动人民在生产生活实践中总结出了许多经验，其中就包含着对自然和宇宙的认识与理解。从古至今，很多事件都彰显着劳动人民对自然和宇宙的掌握与应用。发展到现在，人类已经积累了丰富的自然界知识和宇宙知识，很多从古代流传至今的谚语也得到了科学家们的专业解释，比如"天上鱼鳞斑，晒谷不用翻"，鱼鳞斑其实就是现代气象学意义上的透光高积云，意味着大气比较稳定，是晴天的征兆，光照度充分，晒谷自然就不用翻了。

五是传统的手工艺技能。学者徐艺乙在《中国历史文化中的传统手工艺》中对传统手工艺的范围进行了限定,并认为手工美术其实就是手工艺技能的一种。与此同时,该学者指出传统手工艺技能带有鲜明的属性,不论是方式还是形态都是极为独特的。追溯到前工业时期,产品的制作基本都是依赖手工,人们在获取原材料以后,通过勤劳的双手和非凡的创造力将其制作为相应的产品,这其实就是传统手工艺的过程。传统手工艺的文化内涵不是单一的,而是双重的。一方面,手工艺是一种物质载体,它能够产生实体事物,进而为人们提供日常生活所需要的产品,满足人们的物质需求或精神需求。手工艺技能的施展离不开相应工具的辅助,因此制作工具也在手工艺的文化范畴之中;另一方面,传统手工艺技能还展现出从业人员的工匠精神,这种精神感染着各行各业,并鞭策着无数匠人追求精益求精,做出上乘的产品。在这里,手艺人为各行各业提供了学习的楷模,更为他们提供了精神的依靠。虽然时代在变,工业产业也在飞速发展,但手工艺技能背后的工匠精神却永不过时。由此可见,手工艺技能既是物质手法,也是文化精神。现如今,人们已经习惯了现代生活方式,很多传统手工艺技能由此走向衰败乃至灭绝,对手工艺技能类非物质文化资产的保护、对手工艺的挖掘以及对手工艺人作品知识产权的保护等都是当前迫在眉睫的大事。

六是传统美术、书法。在我国,典型的传统美术包含中国山水画、农村年画以及各具特色的民间美术作品等,这些美术作品中有着一个共通之处,那就是均融入了传统的和谐思想。当前,还没有针对传统美术的确切定义，仍处于一千个读者有一千个哈姆雷特的状态。传统美术是人类上千年来的艺术结晶，包罗万象，具有无可替代的重要价值和传承意义。雕刻、彩绘、泥塑、剪纸、陶瓷、皮影以及刺绣等都是传统美术作品，潜藏着传统美术思想。从美术造型角度出发，上述美术作品又可以分别划分为以刺绣、剪纸为代表的平面造型，以泥塑、雕刻为代表的立体造型和以风筝、彩绘为代表的综合造型三大类。传统美术在审美观念、表现形式、表现主题等诸多方面都与现代美术有着天壤之别。传统美术群体性较强，地域性显著，而现代美术则更突显个体性和国际性。目前，我国多地区的美术类非物质文化遗产都初具规模，并且拥有着较高的产业价值。除了传统美术以外，2009年9月，中国书法也入选了人类非物质文化遗产代表作名录。从殷墟时期，我国就出现了甲骨文，到现在已经过去四五千年。对于中国人而言，书法不仅仅是传达和记录信息的书写工具，还是独一无二的艺术。人类的文字众多，只有汉字可上升为纯艺术。当然，拉丁文、藏文、梵文等都有美术字，但是尚不能够称为书法艺术。对书法类非物质文化遗产的继承和发展，其实也是对先人文化意蕴与审美情绪的继承和发展。

2. 非物质文化遗产的特征

2005年12月22日，国务院发布了《关于加强文化遗产保护的通知》，根据该通知以及其他相关文献，我们可以总结出非物质文化遗产所具备的六点特征。

一是主要以非物质的形态存在。既然非物质文化遗产的名称中含有"非物质"三个字，那么其首要特点自然是非物质性。与有形的物质文化遗产相对应，非物质文化遗产是非物质的、无形的，难以让人触及。非物质文化遗产中蕴含着各民族世代相传的思想精髓和价值观念，是劳动人民精神层面上的文化结晶。但是我们也应当明晰，虽然非物质文化遗产在一定程度上归属于精神层面，但其"非物质性"并不是绝对的，它还是需要依赖物质载体才能够展现在世人面前。比如表演艺术，虽然其本身是触摸不到的，但是它需要人来展现，也需要恰当的场所；手工艺也需要工艺品方能彰显。由此可见，非物质文化遗产以非物质性特征为主，同时具备一定的物质性，我们应当将两者有机结合。

二是与人民群众的生活有着非常密切的关系。非物质文化遗产本身就脱胎于人们的生产生活实践，其传承也离不开相应的社会群体。集体创造了非物质文化遗产，作为集体智慧的非物质文化遗产的传承和传播通常都要依托于一定的民族或区域。非物质文化遗产所反映的恰恰是某个民族或某个群体的历史记忆，可能是生活方式，也可能是风俗习惯，还可能是精神风貌，总之都是人民群众生产生活的有机组成部分。每个民族或每个群体都能够在非物质文化遗产中找到属于自己的精神家园，而非物质文化遗产也早已镶嵌在民族或群体的心中。以民俗节庆礼仪为例，它就是在人们生产劳动的过程中产生的，并以节日及仪式的方式得以传承。人民群众是非物质文化遗产的创造者，随着时间的推移，不同时代的人又会对其进行完善和发展，虽然有些内容会因生产方式的变迁失去意义，但其精神价值却不会受到时空影响而有所打折。

三是世代相传，具有传承性。非物质文化遗产的评选标准就体现了这一特征，只有经过家庭、师徒或学堂等渠道传承三代以上，传承时间不少于100年，且拥有明晰的传承谱系的项目才有资格参选非物质文化遗产。不论是经验还是技艺，只要是非物质文化遗产，那必然是以人为核心，并且依赖代际相传、口传心授达到传承目的。大多数非物质文化遗产都是由一个族群或一个区域历经数代传承下来的，只有少数非物质文化遗产是由家庭传承至今。传承人通常会通过集体的实践学习或者前辈的经验教授来传承非物质文化遗产，并以同样的方式传递给下一代，世代相传，循环不止，不少非物质文化遗产已经有了数百年乃至上千年的历史。比如昆曲、中国传统书法等。非物质文化遗产的存在、传承和发扬都离不开相应的传承人，倘若有一天失去了传承人，该项非物质文化遗产就极有可能走向衰败直至消亡。

四是活态流变。在非物质文化遗产的传承过程中，并非一直保持原样，而是会在内外因素的影响下发生变化，由此展现出活态流变的特征。时代不同、地域不同、环境不同以及受众不同，都会促使非物质文化遗产在传承和传播过程中呈现出不同的形态。物质文化遗产发生改变的大多是外貌，而非物质文化遗产发生改变的大多是文化意蕴。在大多数情况下，经过传承的非物质文化遗产都会走向丰富和发展，而不是文化意蕴或原生态的彻底消失。以我国的书法艺术为例，从其诞生发展到现在，一直在不断创新和发展，从最初的甲骨文到小篆，从隶书到草书，再到楷书，书写方式越来越丰富多样，美感也各具特色。还有些非物质文化遗产传播到了其他国家，融入了当地特色后继续传承，比如端午节习俗就传播到了韩国，但其本质还是与我国的端午节习俗一脉相承。

五是具备着较深的传统文化烙印。几乎所有的非物质文化遗产都经受过岁月的洗礼，蕴藏着深刻的文化积淀，并折射出传统文化的精髓。比如我国的昆曲艺术、书法艺术、端午节习俗以及春节习俗等都是历经了成百上千年的传承与发展。研究非物质文化遗产的分类我们也可以发现，所有类目前几乎都冠以"传统"二字，比如传统美术、传统书法。早年间，在非物质文化遗产的概念尚未明确时，联合国教科文组织也曾应用"民间传统文化"一词代替。在我国保护非物质文化遗产的历程中，起步阶段即是在保护民间传统文化。由此可见，民间传统文化与非物质文化遗产基本上属于同一范畴，由此也彰显出非物质文化遗产较深的传统文化烙印。

六是拥有鲜明的地域特色。非物质文化遗产的地域性较强，主要表现在通常都产生于一定的区域或族群，区域不同，文化背景、风俗习惯、审美方式等就有所不同，这些都促使不同地域的非物质文化遗产有着独一无二的地域特色。常言道,一方水土养育一方人,而非物质文化遗产恰恰以人为核心,"水土"不同,传承人不同,非物质文化遗产所带有的特色自然也就不同。以婚嫁习俗为例,我国不同地域的婚嫁习俗差别较大,尤其是南北方之间,婚嫁习俗更是存在天壤之别。

第三节　非物质文化遗产保护的发展历程

从 18 世纪到 19 世纪,语言学界、民俗学界等均有许多学者期望能够将"口头文化传统"记录下来,但由于当时科学技术尚不发达,能够采取的手段颇为单一,所以真正记录并顺利流传的文化遗产并不多。然而,这起码向人们表明,早在那时候,保护非物质文化遗产的意识就已经萌芽并逐步提升了。前面我们也有所提及,"非物质文化遗产"一词的普遍使用其实是在联合国教科文组织颁布《保护非物质文化遗产公约》之后,由此可见,"非物质文化遗产"其实是一个颇为新鲜的词汇,而明确的针对非物质文化遗产的保护力度也是在 20 世纪以后才慢慢加强。

事实上,国外对非物质文化遗产的保护起步较早,这主要是由于两次世界大战让许多非物质文化遗产走向消亡,众多国家开始反思,对非物质文化遗产的保护形成了正确一致的认识,并采取了实际的措施对非物质文化遗产进行保护。

第一章 非物质文化遗产

1.国外非物质文化遗产的保护历程

在非物质文化遗产的保护上,除了众多西欧国家外,作为东方国家的代表,日本的做法也是可圈可点的,一直都走在世界前列。日本非物质文化遗产保护意识的提升源于废佛毁释运动,该运动是在日本明治天皇登基后发起的。明治天皇为了唤起民众对天皇至高无上地位的敬畏之心,传递君权神授的思想,获得民众的支持、爱戴,首先从宗教着手颁布了一系列的改革法令,其中就包括1868年颁布的"神佛分离令",主要内容为将神道教与佛教区别对待,僧侣不可以参加神道仪式,供奉在神社内的佛像也要被移除。该法令的初衷只是将神道教与佛教区别开来,但在具体的实施过程中被地方误解、曲解,最终带来的是全国范围内对佛教及佛教设施的大规模破坏,"废佛毁释"运动由此而来。这次运动破坏了数不清的佛教文化遗产,损失巨大且难以挽回,在令日本天皇震惊的同时,唤起了日本文化遗产保护的意识。为了弥补该运动带来的损失,1871年,日本天皇颁布了《古器旧物保存方》,这是日本历史上第一部专门针对文化遗产的保护法令,法令中的许多保护方法一直沿用至今。日本民众在非物质文化遗产的保护方面具有高度的自觉性,一是由于日本对文化遗产的保护起步较早,有着良好的传统;二是由于日本政府在文化遗产保护的宣传和教育方面所做的工作较为充分。在20世纪50年代,日本国粹主义兴起,旨在保护日本传统文化,以应对西方思潮带来的影响。

日本国粹主义的重点保护对象包括音乐、戏曲、传统工艺技术等无形文化资产，并鼓励传承传统艺术大师的精湛技艺。所有历史价值较高的无形文化资产都列为"无形文化遗产"，并制定了相关的法律条文以实现对其良好的保护，又被称为保护国粹的计划。

在日本之后，美国、韩国、法国等国家也曾开展过相应的保护计划。在大多数西方国家中，知识产权也被看作一种资产，他们认为版权和专利是智慧的结晶，同时是智慧物化后的表现形式，所以知识产权必然归属于非物质文化遗产的范畴之中。但是很多由集体创造出来的文化，由于缺乏文字记载，没有办法进行具体的量化，其价值也就无从估量。1972年10月17日至11月21日，在巴黎举行了联合国教育、科学及文化组织第17届大会，会上反思了人类文化遗产和自然遗产受到破坏的种种事件，分析了这些遗产遭受破坏的原因，强调了任何文化遗产或自然遗产的损坏或消亡都将加快世界遗产枯竭的进程。在这种情况下，《保护世界文化和自然遗产公约》应运而生，该公约对"文化遗产"和"自然遗产"进行了清晰的界定，并明确规定，每个国家都可以向世界遗产委员会申请文化遗产或自然遗产称誉；与此同时，都应当严格依照法律保护自己国家内的文化遗产和自然遗产。在公约颁布后，对于自然遗产和文化遗产的保护工作有序开展并逐步深入，但是在这一过程中却忽视了非物质文化遗产的保护，暴露出非物质文化遗产保护的诸多问题，不少非物质文化遗产因此而消亡，直接让社会各界意识到应当重视非物质文化遗产的保护。此后，学界专家们针对非物质文化遗产的保护召开了一个又一个的会议，开展了多种形式的技术研讨活动，提出了许多非物质文化遗产保护的建议。

1989年10月17日至11月16日，联合国教育、科学及文化组织第25届大会通过了《保护传统民间文化建议书》，这里的传统民间文化其实就是后来被学界普遍应用的非物质文化遗产。在建议书中，一方面强调了很多极具价值的文化特性、民族文化渊源都面临着中断与消失的危险，另一方面也对遗产拥有国进行了告诫。在传统民间文化的保护上，建议书中指出遗产拥有国要制定并完善相关的法律，采取科学合理的保护措施，加强传统民间文化遗产的鉴别、保护以及传播力度。此外，还要对群体创造的无形但却有象征意义的文化予以重视。对非物质文化遗产的实际保护要早于非物质文化遗产概念的提出，虽然1982年联合国教科文组织的世界文化政策会议的文件中出现了"非物质文化遗产"一词，但对其较为系统性的表述要到21世纪初才问世。1997年11月，联合国教科文组织在第29次全体会议上通过了关于建立一个国际鉴别的决议，即联合国教科文组织宣布人类口头遗产代表作，在后来的联合国教科文组织执委会第154次会议中指出，"口头遗产"和"非物质遗产"之间有着不可分割的密切关系，所以在日后的国际鉴别中，要将"非物质"这一后缀限定加上，决议的名称由此转变为"联合国教科文组织宣布人类口头和非物质遗产代表作"。2001年5月18日，联合国教科文组织公布了第一批人类口头和非物质遗产代表作名录，共有19项，如表1所示。

表1 第一批人类口头和非物质遗产代表作名录

序号	遗产名称	地区	国别	类别
1	加利弗那语言、舞蹈和音乐	拉丁美洲	伯利兹；洪都拉斯；尼加拉瓜	口头传统
2	热莱德口头遗产	非洲	贝宁；尼日利亚；多哥	礼仪与节庆活动
3	奥鲁罗狂欢节	拉丁美洲	玻利维亚	礼仪与节庆活动
4	昆曲	亚洲	中国	表演艺术
5	宫廷宗庙祭祀礼乐	亚洲	韩国	礼仪与节庆活动
6	塔格巴纳的横吹喇叭音乐及文化空间	非洲	科特迪瓦	传统音乐
7	梅拉镇孔果圣灵兄弟会文化空间	拉丁美洲	多米尼共和国	文化空间
8	埃尔切神秘剧	欧美	西班牙	礼仪与节庆活动
9	格鲁吉亚复调演唱	欧美	格鲁吉亚	传统音乐
10	尼亚加索拉的索索·巴拉文化空间	非洲	几内亚	传统音乐，文化空间
11	鸠提耶耽梵剧	亚太	印度	表演艺术
12	西西里木偶剧	欧美	意大利	表演艺术
13	能乐	亚太	日本	表演艺术
14	立陶宛十字架雕刻及其象征	欧美	立陶宛；拉脱维亚	传统知识技艺
15	吉马·埃尔·弗纳广场的文化空间	非洲	摩洛哥	文化空间

续 表

序号	遗产名称	地区	国别	类别
16	伊夫高族群的哈德哈德圣歌	亚太	菲律宾	口头传统
17	塞梅斯基的文化空间与口头文化	欧美	俄罗斯联邦	文化空间
18	博逊地区的文化空间	亚太	乌兹别克斯坦	文化空间
19	扎巴拉人的口头遗产与文化活动	拉丁美洲	厄瓜多尔；秘鲁	口头传统，传统知识技艺

2003年10月，基于《保护世界文化和自然遗产公约》和《保护传统民间文化建议书》，联合国教科文组织在第32届大会上通过了《保护非物质文化遗产公约》，2006年4月21日，该公约生效，保护的内容主要包括表演艺术、口头传统、传统手工艺、社会实践活动以及社会仪式活动等。公约宗旨的第一条就是保护非物质文化遗产，并首次给出了非物质文化遗产的明确定义。2004年8月，中国加入该公约；2018年5月11日，在所罗门群岛加入后，该公约的缔约国发展到178个。2008年6月，在非物质文化遗产委员大会第二次会议上，非物质文化遗产保护国际公约的标志诞生了，其中包含着三角形、正方形、圆形等诸多要素，从三角形转变为正方形，又由正方形转变为圆形，总体看又能够从中找出"@"符号的痕迹。该标志的设计者Dragutin Dado Kovaevi对其寓意进行了释义，简单来讲，外围的圆形恰似泡沫保护罩，突出了保护非物质文化遗产的宗旨和精神，也象征着循环和永不消失，而"@"符号则融入了现代理念。《保护非物质文化遗产公约》的顺利颁

布和在世界范围内缔约国间的严格执行,在非物质文化遗产的保护上发挥了不可估量的重要作用。

2. 中国非物质文化遗产的保护历程

纵使非物质文化遗产的概念明确出现的时间较晚,但中国自古以来就格外重视文化遗产的保护与传承。西周时期,礼乐制度盛行,并以此为依托制定了"采诗观风"这一制度,其意为采四方风俗以观民风,可以看作先秦时代官方采取的非物质文化遗产保护措施。汉代设立了音乐机关——乐府,其职责即为收集并管理音乐作品,在当时采集了大量民歌,流传后世。此后的每个朝代都会有组织地编纂类书,比如明朝永乐年间编纂的《永乐大典》(初名《文献大成》)。这些都表现出我国古代在非物质文化遗产保护和传承方面所做出的努力。近代社会,我国也发起过许多非物质文化遗产的保护活动,对民间文化、民俗风情等进行了相应的挖掘、收集以及保护。中华人民共和国成立以来,特别是改革开放以来,伴随着我国的政治环境、社会环境逐步趋于稳定和谐,在党和政府的领导下,各地区、各民族的语言、艺术以及风俗等都得到了一定的保护。

20世纪90年代,我国就开始着手于非物质文化遗产保护的立法工作,到2002年8月,文化部向全国人大教科文委员会报送了《民族民间文化保护法》的建议稿。《保护非物质文化遗产公约》通过后,第二年的8月份我国就成为缔约国之一。2005年1月28日,在文化部的牵头下,《非物质文化遗产保护法》立法工作联席会议顺利召开,此次会议成立了立法工作领导小组,并于2005年上半年向国务院递交《非物质文化遗产保护法》送审稿作为立法工作第一阶段的目标。2011年2月25日,全国人大常委会通过并颁布了《中华人民共和国非物质文化遗产法》,并于当年6月1日起施行。《非物质文化遗产法》制定的最根本目的在于加强对非物质文化遗产的保护,传承并弘扬中华民族优秀传统文化。

现代社会,政府部门也越来越重视文化建设,人们保护非物质文化遗产的意识也越来越强烈,我国的非物质文化保护事业正朝着成熟的方向迈进,取得了一系列的成就。

一是保护非物质文化遗产的法律体系的完善。《宪法》第22条明确规定:"国家保护名胜古迹、珍贵文物和其他重要历史文化遗产。"《宪法》作为我国的根本大法,为非物质文化遗产法律法规的制定提供了依据与根本遵循,也为非物质文化遗产法律体系的完善奠定了坚实的基础。除了前面提到的《中华人民共和国非物质文化遗产法》外,在行政立法方面,1997年,国务院颁布了《传统工艺美术保护条例》,旨在保护传统工艺美术;2002年10月28日,第九届全国人大常委会修订了《中华人民共和国文物保护法》,旨在保护和传承我国优秀传统文化。在民事立法方面,1990年9月,全国人大常委会通过了《中华人民共和国著作权法》,该法规于次年6月正式施行;2008年6月5日,国务院印发了《国家知识产权战略纲要》;2008年12月,遗产资源等相关事宜被纳入《专利法》中，针对非物质文化遗产的民事保护力度得到加强；2014年9月2日，国家版权局公布了《民间文学艺术作品著作权保护条例（征求意见稿）》。

二是各级非物质文化遗产保护机构的设立。为了给非物质文化遗产的保护工作提供可靠的组织保障，我国不断完善非物质文化遗产专业保护机构，对于非物质文化遗产的高效保护而言意义重大。截至目前，我国已经初步形成了四级非物质文化遗产保护机制，包含国家级保护机构以及省级保护机构、市级保护机构、县级保护机构在内的地方级保护机构。2005年，由文化部联合发展改革委、财政部、国家文物局等九部委共同构成的非物质文化遗产保护工作部际联席会议是我国目前非物质文化遗产保护工作的主要领导机构。与此同时，我国非物质文化遗产的地方级保护机构也初具规模，其中浙江省走在全国省市前列，在非物质文化遗产的保护中起步最早，取得的成绩也有目共睹。与此同时，北京、广州、上海以及济南等城市也开始着手创建非物质文化遗产保护机构，并不断完善。此外，我国社会上也成立了许多非物质文化遗产的支持机构，比如图书馆、博物馆、科技馆等公共文化机构、中国艺术研究院等科研机构以及众多非物质文化遗产保护的民间团体。

三是联合国非物质文化遗产的积极申报。自2005年起，我国就开始在全国范围内开展非物质文化遗产的普查工作，全面地掌握了国内非物质文化遗产的数量情况、种类情况以及发展现状。

多年来，我国在加大非物质文化遗产保护和普查力度的同时，在向联合国积极申报。现阶段，我国已经有包括昆曲、古琴艺术、蒙古族长调民歌等在内的32个项目入选《人类非物质文化遗产代表作名录》，7个项目入选《急需保护的非物质文化遗产名录》，1个项目入选优秀实践名册。

第四节　非物质文化遗产及其保护的重要价值

近年来，世界各国对非物质文化遗产保护的重视度都在不断提升，我国也越来越关注非物质文化遗产的保护，采取了许多针对性的实际行动。非物质文化遗产是人类的知识与记忆，这些彰显出了非物质文化遗产的重要性，而保护非物质文化遗产就是保护人类文明，由此可见，非物质文化遗产的保护也具有极其重要的价值。

1. 非物质文化遗产的价值

除了基本的精神价值外，我们主要可以从文化价值、经济价值、历史价值、美学价值以及科学价值五个方面出发，探讨非物质文化遗产所具备的重要价值。

一是非物质文化遗产包含着丰富的文化价值，而文化价值也是非物质文化遗产的核心价值。每个民族特有的生活方式、思想精神等都可以从非物质文化遗产中得以窥见，同时还能够从中挖掘到民族历史文化的发展轨迹，对于后人而言，可以通过非物质文化遗产来了解先人的种种，进而全面地了解过去时代的社会文化与历史发展。伴随着不同民族文化观念的交融，很多非物质文化遗产中又纳入了新的元素，推动了文化多样性的形成，彰显出自身独一无二的文化价值。以我国著名的《孟姜女传说》为例，它作为民间四大爱情故事之一，以口头传承的方式传承下来，历经千百年而不衰，展现了浑然天成的故事艺术魅力。孟姜女口头遗产已经在山东淄博、河北秦皇岛、湖南津市等地方形成了特有的文化传承空间，并成为当地极具代表性的文化元素，充分展示了人类口头非物质文化遗产瑰丽的文化价值。

二是非物质文化遗产能够依托其文化价值产生巨大的经济价值。非物质文化遗产的文化价值与其经济价值存在着正相关的关系，文化价值越高的非物质文化遗产，其经济价值自然也就越高。伴随着我国社会主义经济的飞速发展，非物质文化遗产的经济价值愈发受到重视，并且从国家到地方再到组织机构都开始寻求其经济价值的有效利用方式。我国民族众多，疆域辽阔，不同地区的非物质文化遗产资源有着较大的差异，每个地区都可以利用当地特色，加大力度发展旅游业，以实现社会效益和经济效益的双丰收。就目前来看，很多地区都已经开始行动起来，比如近年来流行的进藏游，唤起了许多人对西藏的向往之情，许多当地的非物质文化遗产都是让游客们憧憬的重要因素。与此同时，在媒体的报道和当地多方面的宣传推广之下，很多少数民族的节日也为广大人民群众所熟知，比较典型的有傣族的泼水节、彝族的火把节以及苗族的芦笙节等，这些都成为游客探访的动力。将这些非物质文化遗产与旅游业有机结合，其经济价值得到了充分的开发，同时有力地传扬了不同地域、不同民族的特色文化。

三是非物质文化遗产是人类的历史财富，具有珍贵的历史价值。对于整个民族或个人而言，都可以透过非物质文化遗产来认识和了解本民族的历史。通过它们，我们还能够了解到在某个特定时期内人们生产生活的基本情况。以我国的众多非物质文化遗产为例，透过它们，就可以感受到许多不同的民族文化气息。昆曲是我国最早被纳入世界非物质文化遗产代表作名录的项目，有着"百戏之祖、百戏之师"的称誉。昆曲是历史悠久的戏曲种类之一，剧目数量庞大，大多数从服装到唱腔都保有传统特征，承载着丰富多彩的历史资源，由此获得了艺术界的"活化石"的别称。以昆曲代表剧目《牡丹亭》为例，其中所表现的不仅仅是单纯的爱情，更是当时社会的婚姻观、家庭观。与此同时，很多民间传说反映了我国的历史，虽然可能有一些虚构的成分，但也大多与现实有所关联，具备着一定的历史价值。除此之外，很多手工艺品也蕴藏着历史信息，比如传统年画，有些反映了当时人们对安稳生活的渴望，有些则表现了当时的社会现象，代表作有《女子求学》《女子爱国》《小儿怒》等。

四是非物质文化遗产拥有着极高的美学价值。以表演艺术、手工艺作品为代表的非物质文化遗产不仅表现出极高的艺术造诣，更具备非同一般的美学价值,是前人创造力的集中体现。表演艺术的美学价值主要体现在表演人身上,他们能够生动写实地展现出仿若现实的生活场景,传达出特定人物的特定情绪,演绎着别样的情感美学。与此同时,表演艺术的美学价值在整体的服化道中有所体现。手工艺作品的美学价值自然主要体现在作品本身,在我国的文化史中,佛教文化占据着颇为重要的地位,而围绕佛教文化铸造、绘制的佛像则精美绝伦。现代社会,很多学者都热衷于对佛像的形态以及质地展开研究鉴赏,并从中总结归纳出佛像的美学感染力。山东济南的灵岩寺作为北方少见的名寺,寺中的佛像造型艺术就达到了较高的水准,形态各异且造型逼真,展现出了令人惊叹的美学价值。

五是非物质文化遗产因拥有跨领域、跨学科的知识属性而表现出了重要的科学价值。一方面,非物质文化遗产可以反映不同时代、不同地域的生产关系情况、人类的认知水平以及当时的科技水平;另一方面,有些非物质文化遗产本身就是科学的产物。很多流传至今的神话、民歌、医药都有着当时生产生活情况的影子,将历史上人们的真实状态展现在今人面前,具有不可替代的科学价值。比如科尔沁蒙古族的正骨术,其实就表现了蒙古族人民在长时间与疾病的抗争中逐渐形成特色医术的背景历史;我国的传统历法也一直沿用至今,特别是二十四节气,至今仍然在一定程度上指导着人们的生产生活。这些非物质文化遗产都彰显了古代劳动人民的高超智慧,具备极高的科学价值。

2.非物质文化遗产保护的价值

一是增强民族凝聚力与自豪感。非物质文化遗产作为人类社会的无形遗产,其中蕴含着民族或群体的精神、意志以及思想。时代更迭,非物质文化遗产在曲折中得以传承,随之传承的还有人类的文化传统。一个国家、一个民族如何提升文化软实力?笔者认为非物质文化遗产的保护与传承就给出了极好的答案。民族的精神、情感、个性、历史以及向心力都凝聚在非物质文化遗产之中,古老而又鲜活。中华民族上下五千年的文化更是源远流长,不仅为无数中华儿女留下了宝贵的物质文化遗产,也留下了不可复制的非物质文化遗产。作为中华传统文化的重要组成部分,非物质文化遗产凝聚着中华民族成百上千年来恪守的道德准则和价值观,蕴藏着一代又一代中国人的创造力,其内容博大精深,为后人提供了不竭的智慧源泉。在我国数量众多的非物质文化遗产中,还有许多民间故事、神话传说流传至今,比如表现坚韧不拔意志的"愚公移山";表现礼让的"孔融让梨";表现孝敬父母的"黄香温席";等等。除了这些,还有许多彰显劳动人民智慧的手工艺品,比如景德镇瓷器、山西平阳木版年画、苏绣等。对这些非物质文化遗产的保护,能够让本民族越来越多的人感受到先人的智慧,也能够秉持着这些民族精神的火炬,一往直前,而这些不仅能够增强民族的凝聚力,也能够增强民族的自豪感,还有利于民族个人特征的保持。

二是唤回人类记忆，特别是民族文化记忆的重要途径。经济全球化的脚步逐步加快，文化的交流与融合也在随时随地地进行，对于文化产品发展较落后的国家而言，来自欧美、日韩的文化输出所带来的冲击无疑是巨大的。以我国为例，圣诞节、万圣节等西方主流节日已经对年轻一代造成了较为深刻的影响，而我们的传统节日却受到忽视。出现这种现象，一方面是由于对本民族文化记忆的缺失以及文化认同感的减弱，另一方面则是由于欧美、日韩等国文化软实力的不断崛起。因此，我国应当唤回本民族的文化记忆，让更多的年轻人感受到本民族文化的非凡之处，并引以为傲，而非物质文化遗产的保护恰恰是达到这一目标的重要手段。现在，我国在非物质文化遗产的保护方面已经取得了显著成就，国人对民族文化的认同感也越来越强烈，比如列入国家级非物质文化遗产的七夕节，蕴含着中国人民美好的爱情观与家庭观，越来越多的中国人重视七夕节，在不知不觉中传承着七夕的节日风俗，这对于抵御外来文化的植入起到了积极作用。

三是维护世界文化的多样性。现代社会，经济全球化席卷而来，在此大背景下，自由贸易愈发兴盛，而经济强国的文化产品也顺势实现了在全球范围内的流动与扩张，最突出的就是美国文化的渗透，基本上已经遍布世界每个角落。这种快速的文化输出让很多国家都猝不及防，同时导致许多国家自身的文化被削弱，形成了标准化和单一化的文化产品发展趋势。对于文化强国而言，这的确是灌输、传扬本民族文化的良好契机。但是从宏观角度讲，这终将促使人类的创造力走向衰竭，并使得文化的发展道路越来越狭窄。所以，我们应当注重文化多样性的保护，为世界文化的繁荣发展提供保障。基于此，在联合国教科文组织第33届大会上通过了《文化多样性公约》，这是国际社会为捍卫世界文化的多样性迈出的重要一步。而非物质文化遗产的保护则是世界文化多样性维护的关键环节，是各民族文化发展的需要，也为后人提供了创造性的源泉。对于一个国家而言，非物质文化遗产的保护在文化软实力的提高方面也发挥着重要作用，有助于文化弱国向文化强国的转变。每种文化、每种文明虽然可能产生于不同的地域、不同的民族，表现为语言文字、宗教信仰、传统习俗等不同的内容，但总体来看，它们都是全人类的珍贵财富，值得全人类共同的保护与传承。世界文化的繁荣发展之路，离不开文化多样性的维护，更离不开非物质文化遗产的保护。任世事沧桑巨变，国家和民族独有的文化永远是根本所在，而非物质文化遗产的保护对于世界文化多样性的维护而言意义重大。

四是延伸并继续传承民族文化。在文化生态学中，文化的多样性以及文化的差异性都被看作人文环境的突出特征。多姿多彩的世界文化是由各个民族的文化构成的，它们之间有着相互竞争、相互依存、互相补充、协同发展的关系。近现代社会，许多非物质文化遗产都逐步走向消亡，特别是一些脆弱的口头传统。对于任何一个民族而言，非物质文化遗产的消亡都将加速民族文化特性的消失，如果任由其恶势发展下去，将直接威胁到民族的根基。

因此，保护非物质文化遗产对于每个民族而言都十分重要。不论是产生于何种社会领域的非物质文化遗产，其传承的主体必然都是"人"，借助传承人的力量，能够让非物质文化遗产得以畅通传播，进而延伸并继续继承传统民族文化。与此同时，我们不能将目光局限于非物质文化遗产的主体形态上面，而是应当更加重视非物质文化遗产的历史演化过程及其与文化空间的和谐关系。为了让我们采取的保护措施切实发挥效应，就要在保护的过程中构建起适合不同非物质文化遗产生存的文化空间。

五是在我国社会主义核心价值体系的建设中发挥着重要作用。在一个民族的发展进程中，会慢慢积累、沉淀独有的文化模式，这其中潜藏着民族的核心价值，只不过这种核心价值常常是以族人不自知的状态存在着。伴随着民族文化慢慢走向自觉，核心价值也会朝着更加文明的方向演进，并逐步内化为民族精神的重要组成部分。而我国倡导的社会主义核心价值体系在一定程度上就是传统核心价值的继承、创新与丰富，前者是自觉文化，而后者则是自在文化。所谓自在文化就是指文化的存在方式是自然天成的，其中包含着传统、常识等自在因素，自在文化与传统文化之间其实可以画等号。而自觉文化则是在自在文化的基础上产生的，其中有对自在文化的选择、摒弃、继承、创新和发扬，站在更高的角度来看，人类文化从自在演变为自觉的过程是不可抗拒的。社会主义核心价值体系作为社会主义制度的内在精神和生命之魂，蕴含着中国人民的共同理想和昂扬精神，在社会主义时代中国的自觉文化中扮演着核心角色。中国非物质文化遗产的挖掘和保护其实就是中华民族群体价值的挖掘和保护，中华民族群体价值的传承和发扬对于社会主义核心价值体系的建设而言有着重要意义。

六是有助于推动文化经济的发展，并在和谐社会的构建中发挥积极作用。近年来，类似"文化产业""创造力经济""文化软实力"等词汇层出不穷，从中我们可以窥见文化与经济之间的关系越来越密切，在全世界范围内均是如此。文化软实力对于一个国家或地域而言，意味着文化个性的展示与文化价值的实现，它能够转化为经济效益和社会效益，比如可以作为单独的产业发展，也可以和旅游业、休闲度假业等相结合。当前，越来越多的国家意识到不论是物质文化遗产，还是非物质文化遗产，都可以在做好保护工作的前提下，进行市场开发，实现文化保护和经济开发的良性循环互动。在此背景下，很多国家积极开发本土的民俗文化资源，推动了入境旅游的繁荣发展，创造了客观的旅游外汇收入。当前，我国针对传统文化的保护和开发工作也在如火如荼地进行之中，采取了许多切实有效的措施，比如根据传统节日调整了法定节假日等，加强对了清明节、端午节、中秋节以及重阳节等具有传统中国文化节日的重视程度。类似的做法不仅推动了我国非物质文化遗产的保护和传播，还在一定程度上促进了经济的发展。很多地方积极宣传和推广当地的非物质文化遗产，推出了许多具有附带价值的商品或纪念品，这些都彰显出非物质文化遗产在拉动经济发展方面发挥的积极作用。

第二章　我国非物质文化遗产数字化保护现状及存在的问题

在非物质文化遗产数字化保护刚刚兴起的阶段，主要的工作任务是实现图书以及档案的数字化。在这一方面，美国的起步较早，1990年就发起了主题为"美国记忆"的非物质文化遗产数字化保护工作。到1992年，联合国教科文组织发起了主题为"世界记忆"的非物质文化遗产数字化保护工程。自此，全世界都开始致力于非物质文化遗产的数字化保护。由此可见，非物质文化遗产的数字化保护至今只有近30年的时间，很多技术和措施还需要进一步完善。而我国非物质文化遗产的数字化保护则又有所延迟，经过近几年的发展，在取得一些成就的同时，暴露出不少问题。

第一节　我国非物质文化遗产数字化保护现状

1. 非物质文化遗产数字化保护应用的技术

一是数字采集与存储技术。在数字化技术尚未诞生和普遍应用之前，我国在采集和存储非物质文化遗产信息时主要依赖图书、胶卷等传统手段。随着数字化技术水平的提高，非物质文化遗产信息的采集和存储迎来了全新的途径，不仅采集和存储的效率大大提升，采集和存储的完整性也有所提高。当前，我国常用的非物质文化遗产数字化保护技术主要包括数字摄影、数字摄像、数字录音、三维扫描技术以及数据库等。

传统摄影、摄像以及录音技术在非物质文化遗产保护中的应用可以追溯到20世纪70年代。在那个时代，很多民族文化遗产的信息数据都是这样保存的，但由于技术落后，保存下来的图像信息、音频信息在经过一段时间后就会失真，保存效果较差。现代社会，我国引入了高精度的数字摄影、摄像以及录音技术，为非物质文化遗产的完整、长久存储提供了可靠保障。一方面，高精度数字摄影摄像以及录音技术的应用，提升了影像传输的效率；另一方面，在对影像进行后期编辑处理时，不论是时效、品质还是自由度都得以大幅度提升。此外，数字摄影、摄像以及录音技术促使非物质文化遗产的保存不再需要依赖相纸、磁带以及录像带等介质，存储成本有所降低。现阶段，我国在保护和传播非物质文化遗产的过程中已经实现了上述技术的普遍应用。

三维扫描技术依托于激光扫描仪，是光电技术和数字处理技术的有机结合。激光扫描仪在扫描图形或图像后，会将扫描后的信息转化为数字信号，进而存储下来。激光扫描仪也是典型的计算机输入设备，主要分为二维激光扫描仪和三维激光扫描仪两种类型。其中二维激光扫描仪主要用于书籍、绘画等平面非物质文化遗产信息的采集与存储，经二维扫描仪扫描后的图像可以借助打印机等进行输出，也可以应用 PS 等软件进行编辑，还可在互联网中传播分享。三维扫描仪即 3D 扫描仪，是近几年出现的新型扫描仪器，主要用于手工艺品、器具等立体非物质文化遗产信息的采集与存储。经三维扫描仪扫描后可以还原出非物质文化遗产的 3D 模型，并且可以借助 3D 打印机打印出同比例的实物模型。当然，如果实物体积过大，则需要划分为几个部位分别打印然后再进行组合，重庆大足石刻景区千手观音主尊像的实物还原就是按照上述方法进行的。三维扫描仪的精度较高，技术先进，但是价格也很昂贵，再加上激光可能会对某些非物质文化遗产造成伤害，所以其应用还没有大范围的普及。

数据库由物理数据层、概念数据层、用户数据层等共同组成，其主要用途在于数据的存储和管理。在非物质文化遗产数字化保护的过程中，最基础且应用较广泛的手段就是建设数据库。通常情况下，一个良好的非物质文化遗产数据库的建设需要经过三大步骤。首先，相关工作人员要借助数字化的方式全面采集非物质文化遗产的信息；其次，已经搜集到的非物质文化遗产的原始数据需要进行加工处理，并按照类别有序存储；最后，将非物质文化遗产的数据信息纳入数据库中，并形成有效链接供有需求的人搜索、浏览或下载。随着我国对非物质文化遗产数字化保护重视度的提升，从国家到省市均积极筹建非物质文化遗产数据库，现在已经有中国非物质文化遗产网（http://www.ihchina.cn/）、上海市非物质文化遗产网（http://www.ichshanghai.cn/）等众多非遗数据库网站。

二是数字修复与再现技术。非物质文化遗产的保护和传承都离不开原生环境，但是随着我国经济建设脚步的加快，城市覆盖率快速提高，许多非物质文化遗产依托的原生环境都发生了巨大变化，直接对相应的非物质文化遗产造成了损害，有些非物质文化遗产甚至由于该原因走向消亡。这些都不是我们想看到的，也正是基于此，数字修复与再现技术应运而生，并为非物质文化遗产的保护与传承做出了重大贡献。当前，我国应用的数字修复与再现技术主要包括3D打印技术、虚拟现实技术以及增强现实技术等。

20世纪90年代，3D打印技术就已经开始萌芽并发展，同时结合了光固化技术与纸层叠技术，与普通打印机的工作原理基本相同。当然，两者之间也存在着区别，普通打印机以纸张和墨水作为打印材料，只能打印二维的图像或文字；3D打印机以粉末状金属、ABS塑料凳可黏合材料作为打印材料，打印出来的作品是三维立体的。3D打印技术应用的行业越来越广泛，我国在非物质文化遗产的数字化保护中更是对其进行了充分运用。很多残缺乃至消失的非物质文化遗产都是通过3D打印技术实现了修复和还原。2016年9月25日，全国非物质文化遗产展示会在北京如期举行，展示会上经3D打印而来的皮影受到了众多参观者的关注，这是将传统与创新巧妙结合的成功之作。

虚拟现实技术就是我们当前熟知的VR技术，可以同时传达视觉、听觉、嗅觉等感觉感受，给人们带来了沉浸式的体验。VR技术的应用通常要依托于头盔显示器，人们戴上它，就可以进入另一个拥有三维效果的虚拟世界，仿若身临其境。在虚拟世界中，参与者可以根据虚拟环境做出各种真实性的动作。当虚拟现实技术应用于非物质文化遗产的保护中时，参与者可以切身感受到那些原本触手难及的宝贵的民族文化遗产，虚拟现实技术所具备的沉浸性、交互性以及感知性促使其在非物质文化遗产的数字化保护与传承中发挥着重要作用。增强现实技术是基于虚拟现实技术产生的数字技术，通常被称为AR技术。作为人机交互技术，AR技术可以把虚拟信息叠加到真实情景中，给参与者以真实的体验感。AR的体验也需要佩戴头盔显示器，不过参与者在佩戴头盔显示器后，还能够看到现实场景，这是它与VR技术的区别点之一。在我国非物质文化遗产的数字化保护进程中，"数字敦煌"的构想就是基于VR和AR技术，并且当前已经初步实现。

三是数字展示与传播技术。当前，我国在国家层面以及地方层面均建立了非物质文化遗产的传承人名录，并为传承人对非物质文化遗产的展示、传播提供了相应的经济保障与精神支持。这一做法在非物质文化遗产的展示与传播方面发挥了一定的效用，但是出于传承人精力有限或者部分年轻传承人对非物质文化遗产的认识不足等诸多因素，导致许多非物质文化遗产的展示与传播遭遇到了重重阻碍。而数字化技术的发展在解决上述问题时起到了极大的积极作用，现在已经成为我国展示与传播非物质文化遗产的重要手段，具体主要包括博物馆数字化技术以及人工智能技术。

博物馆数字化就是将虚拟现实技术、增强现实技术等多元化的数字技术合理应用到博物馆中。博物馆数字化的实现，让参观者可以全面地观赏到展品，并且展示效果要更好、更清晰，同时在参观中增加了许多全新的趣味，比如将展品背后的故事融入其中，参观者既观赏到了展品，也了解了其背后的深远故事。2016年，陕西数字博物馆免费对外开放，参观者可以借助手机App进行互动，也可以身临其境般走进陕西的古村落。而人工智能是现代科技发展到一定水平的产物，可以利用计算机完成那些只有人类才能够开展的工作，为非物质文化遗产的保护带来了全新的思路。2018年的上海国际茶业展上，首款智能茶壶应用人工智能技术还原了非物质遗产大师的泡茶技术，无疑为我国传统茶文化的传承与发扬提供了新路径。

2. 非物质文化遗产数字化保护的现有成果

总体来看，早些年，我国在非物质文化遗产的数字化保护方面相对落后，一些大型项目的保护还需要借助国外的先进技术。为了保证文化内涵与技术衔接的自然流畅，我国也开始自主研发非物质文化遗产保护的数字化技术，比如1997年由浙江大学

CAD&CG 国家重点实验室研发了敦煌壁画临摹技术和色彩渐变技术；1998 年，北京师范大学周明全教授研发了应用于秦始皇陵兵马俑的虚拟复原技术。2006 年，我国首批具备国家级资格的非物质文化遗产名录问世，也是在这一年，中国非物质文化遗产网正式开通，这标志着我国非物质文化遗产保护的征程正式起步，并由此逐步向数字化的方向发展。

关于我国非物质文化遗产数字化保护的现有成果，笔者先从国家层面的成果入手，主要表现在以下三个方面。

首先，我国建设并推广的数字化博物馆已经得到了社会大众的普遍认可。数字化博物馆是社会发展的必然趋势，它实现了科学技术与民族文化的良好结合。随着一系列相关政策的推出，越来越多的博物馆开始积极地研发并应用数字化技术，特别是在展示领域，如今已经将数字化技术应用得炉火纯青。与传统的博物馆展示形式相比，我国的数字化博物馆展现出了极大的优越性。在我国的数字化博物馆中，海量的文献资料都可以存储到计算机等设备中，并且能够进行科学组合，以供参观者更加直观且全面地了解展品的信息。有些博物馆还应用 3D 打印等数字化技术制作出了历史文物模型，非常真实地展现在参观者面前。我国的数字化博物馆在资源整合方面也做得比较好，延伸了传播范围与速度，人们通过互联网足不出户就能够获取所需要的信息，比较成功的案例有山东大学考古数字化博物馆等。伴随着国家推广力度的不断加大，博物馆的数字化模式受到了广大民众的认可，成为非物质文化遗产数字化保护领域的时尚与潮流。

其次，我国大力支持数字化图案的发展以满足市场需求。"数字化图案"即"数字化辅助设计图案"的简称，它是顺应市场发展、迎合市场需求而衍生出来的商业模式。我国众多学者都在该领域攻坚克难，不断创新，将计算机辅助设计学、计算机图形学等诸多学科有机融合，最终设计出有章可循的数字化图案作品。比如刺绣画稿的创作，可以应用数字化辅助设计将多样化的刺绣画稿输入相应的计算机系统，搭建起刺绣画稿的数据库。依托数字化辅助工具，使刺绣类非物质文化遗产的广泛传播成为可能，并推动了文化价值向文化经济的转变。纵观我国的商业市场，对具备数字化图案的产品的需求非常之强烈，很多产品都因此大量生产出口到国外，拉动了我国对外贸易的发展。国家层面对数字化图案发展的支持，一方面为文化创新带来了良好机遇，另一方面也为民众带去了能够满足精神需求的艺术产品。如此，对非物质文化遗产的保护和传承显然是极为有利的。

再次，我国大力支持并推动了数字化存档在社会上的广泛应用。为了克服传统非物质遗产保护方法的漏洞，我国积极推动数字化存档技术的发展和普及，迈入了技术更新的时代，提高了存档工作的效率和可靠度，也助力了非物质文化遗产的良好保护。具体而言，平面文物数字化存档的流程通常要经过两个步骤，一是运用激光扫描仪或数字相机将其扫描为图像；二是对获得的图像信息进行技术处理。相应地，立体文物则是放置到三维的存储环境之下，有些会应用3D打印技术制作出实物模型，有些则借助VR技术或AR技术展现出来。国家的肯定是数字化存档技术得到推广普及的重要前提条件。由此可见，我国在非物质文化遗产数字化保护意识以及具体措施方面都是可圈可点的。

上面探讨了我国在国家层面对非物质文化遗产数字化保护的现状及相关成果，随后，笔者将对地方在非物质文化遗产数字化保护中的现状及相关成果展开论述，主要选取了广东省、浙江省、山西省、甘肃省以及福建省等具有代表性的省份。

作为我国沿海发达省份，广东省对非物质文化遗产的数字保护是颇为重视的。2011年7月29日，《广东省非物质文化遗产条例》正式公布，并于同年10月1日开始施行。广东省在非物质文化遗产数字化保护方面所做的工作突出表现在三个方面。一是建立并完善省级非物质文化遗产博物馆与非物质文化遗产数据库。2003年，广东文化网正式启动，紧接着又在该网站嵌入了非物质文化遗产数字博物馆，包含虚拟馆、馆藏品、地方馆、特色馆以及纪念馆等五个栏目。与此同时，广东省还建立了古琴数字化资源库、中药数字博物馆以及广东说书网等专项数据库。在非物质文化遗产的数字化资料的采集和共享方面，广东省已经积累了较为丰富的经验。二是致力于非物质文化遗产传承人口述历史纪录片的拍摄。广东省积极响应我国非物质文化遗产的普查工作，在省内开展了大规模的非物质文化遗产传承人口述史的数字化录制，获得了丰富的非物质文化遗产口述史及技艺资料，形成了全面的文字记录和专业的影视专题片。三是秉持着创新发展的理念，积极推广应用广东省非物质文化遗产电子地图，将广东省内有代表性的非物质文化遗产项目及传承人介绍给社会公众，起到了良好的宣传效果。人们可以下载电子地图的应用软件，打开该App，就可以详细地了解到广东省的非物质文化遗产都分布在什么地方，也能够进一步了解每一项非物质文化遗产的具体内容，格外便捷。

浙江省是我国东南沿海省份，也是非物质文化遗产保护起步较早的省份。2007年6月1日，《浙江省非物质文化遗产保护条例》正式施行，为后续的非物质文化遗产保护工作指明了方向。浙江省政府部门对非物质文化遗产数字化保护的重视程度也是有目共睹的，2014年，在省内设立了12个非物质文化遗产数字化试点县，此后逐步扩大范围。具体而言，浙江省对非物质文化遗产的数字化保护突出体现在四个方面。一是开发并顺利上线运营了浙江省非物质文化遗产网。网站当前包括项目名录、传承人、保护载体、非遗视界以及学术研究等在内的11个栏目，通过网站首页，我们可以直接了解到浙江省内的非物质文化遗产，比如岱山海滩特殊葬礼、赵家拳棒、石浦三月三等。除了非物质文化遗产官网外，浙江省还积极筹建了用于各类非物质文化遗产数字化保护的省级数据库。二是大力推动地方非物质文化遗产数据库的构建，已经覆盖了省内县级以上所有的非物质文化遗产。与此同时，浙江省规划多年的"智慧非遗"大数据建设已经初具雏形，旨在转变以往对非物质文化遗产粗放型的保护政策，实现精细的数字化评估。近年来，浙江省非物质文化遗产的发展保护指数显著提升，年报评估平台也得到了显著完善。三是开展濒危剧种的多媒体数字化抢救性记录。在浙江省文化厅的大力主导下，浙江省地方逐步开始征集当地传统戏剧等濒危项目的资料，涉及的资料范围极为广阔，为濒危剧种的数字化抢救性记录奠定了良好的前提条件。现阶段，浙江省各地区已经顺利拍摄了众多濒危剧种的录像片，相关部门派遣专人整理了海量的濒危剧种传承人口述史，将上述两项内容统计计算后达1 200余件。比如，作为海宁市传统戏剧的皮影戏，共拍摄剧目录像资料70余件；而历史悠久的平阳木偶戏则拍摄了60余件剧目资料。此外，浙江省各市级、县级部门也在积极发动当地的电视台，播放当地非物质文化遗产的记录成果，达到了良好的宣传效果。四是充分借助新媒体渠道的力量来保护和宣传省内非物质文化遗产。截至目前，浙江省已经搭建了微博、微信公众号、搜狐号等新媒体平台，其中成绩较为优异的当属"象山非遗"订阅号，该订阅号主要划分为象山非遗、非遗文化以及非遗互动等三个栏目，涵盖非遗文化、非遗美食以及非遗记忆等诸多内容。

山西省拥有着悠久的历史文化，省内的非物质文化遗产众多，于2012年9月正式颁布并开始实施《山西省非物质文化遗产条例》。在上述条例的指导下，山西省文化部门及其他有关部门积极落实非物质文化遗产数据库的打造，已经形成了丰富有序的非物质文化遗产档案。在2006年到2010年间，山西省非物质文化遗产普查团队的脚步走遍了省内大大小小近 3 万座村落，拍摄了 21.3 万张非物质文化遗产照片、3 091 小时的视频资料以及 3 366 小时的音频资料，在非物质文化遗产普查及数字化保护方面取得了斐然的成绩，赢得了社会各界的高度认可。具体而言，山西省在非物质文化遗产的数字化保护突出体现在三个方面。一是投入了充分的资金，号召专业人才开发出了山西省非物质文化遗产数据库普查管理系统，服务于省内非物质文化遗产的登记、保存、查询以及管理等工作。该管理系统操作简单，功能全面，在山西省非物质文化遗产的普查中，该管理系统发挥了重要作用。二是于 2008 年开发并开通了山西省非物质文化遗产网，实现了省内非物质文化遗产申报的数字化管理、普查的数字化管理、传承人的数字化管理以及非遗保护经费的数字化管理。三是在省内相关部门的领导下，基于非物质文化遗产的普查摸底，构建起了非物质文化遗产数字博物馆。人们通过非遗数字博物馆，可以阅读记载非遗的文字、可以观赏展示非遗的照片及视频、还可以聆听讲述非遗的音频，多样化的途径为非物质文化遗产的宣传提供了极大便利。除了数字博物馆以外，还有"山西风雅颂"数据库、民间音乐音频数据库等一系列的非物质文化遗产数字资源。

甘肃省位于我国西北地区，旧称雍凉之地，地貌复杂多样，文化独具特色。近年来，伴随着我国非物质文化遗产数字化保护的号召，甘肃省紧抓这一契机，积极推动省内经济和文化的进一步发展。甘肃省在非物质文化遗产数字化保护方面成果突出表现在六个方面。一是开展非物质文化遗产基础性资料的数字化保护。在查阅和整理甘肃省文化厅网站的相关数据后可知，到2015年年底甘肃省已经拍摄了近800部非物质文化遗产的相关视频，涵盖的内容极为丰富。这些非物质文化遗产的视频资料有些保存在甘肃省文化厅，更多的则是分别保存于地方文化部门。截至目前，甘肃省已经实现了针对绝大多数非物质文化遗产基础性资料的数字化保护工作，形成了珍贵的图片、音频、视频等非物质文化遗产数字资源。二是建设并完善文化信息资源共享工程项目。早在2007年，在省内各级政府部门的领导和支持下，甘肃省就已经开始了该项目的建设工作，旨在构建起全方位的非物质文化遗产专题资源库。三是打造非物质文化遗产数据库，并在此基础上建设数字化虚拟博物馆。2013年，甘肃省围绕非物质文化遗产的保护传承工作召开了全省视频会议，并在会议上明确提出了非物质文化遗产数字化虚拟博物馆的建设构想。次年，甘肃省内的各大研究机构开始专攻非物质文化遗产数据库的建设，其中包含特有少数民族非遗影像资源库、国家级非遗数字化影像资源库、道情皮影数据库等。四是开发并上线了甘肃省非物质文化遗产的相关网站。其中，最具代表性的网站除了下设在甘肃省文化厅的非物质文化遗产的栏目网站以外，还有甘肃文化产业网以及文化甘肃网等。通过这些网站，可以获取到甘肃省非物质文化遗产的史料和图片信息，也存在数量相当可观的音频和视频数据。总体来看，检索较为便捷，用户能够较轻松地参与进去。五是顺应时代的发展潮流，打造了包含微信公众号在内的新媒体阵地。早期的公众号平台以"天工文化"最为典型，该公众号除了介绍甘肃省的各类非物质文化遗产活动外，还会宣传当地的非物质文化遗产。不过，到现在，该公众号基本上停止运营，在非物质文化遗产方面的宣传效果已经微不足道。六是重点支持非物质文化遗产数字化保护研究团队的建设。2014年3月，甘肃省教育厅将藏区非物质文化遗产数字化保护技术研究重点实验室批为省级高校重点实验室，在智库团队的主导下，积极开展藏区非物质文化遗产数字化保护的研究工作。发展到现在，数字敦煌已经成为甘肃省非物质文化遗产数字化保护的代表作，实现了敦煌瑰宝的数字化，在文化保护、文化教育以及文化旅游方面均具有重要意义。

福建省也是我国非物质文化遗产资源大省之一，省内设立的非物质文化遗产展演精彩纷呈、远近闻名。福建省作为全国13个首批非物质文化遗产数字化保护试点之一，经过数次完善，于2019年4月9日发布了《福建省非物质文化遗产条例》，并于同年6月1日起实施。福建省非物质文化遗产数字化保护的突出成果主要表现在五大方面。一是搭建起了福建非物质文化遗产保护中心网，用于非物质文化遗产名录的展示、传承人的展示以及非物质文化遗产的申报等。二是成功建设了以"福建文化记忆"为核心的非物质文化遗产数据库群，在福建省公共文化服务方面发挥着巨大作用。三是基于VR和AR技术开展非物质文化遗产体验试点工作，实现了全省范围内的广泛推广。四是积极推动非物质文化遗产的影像化保护工作，其中三明市非物质文化遗产项目"大田板凳龙"的影像化保护就颇为典型。五是利用数字化的方式开展非物资文化遗产的主题展览，公众能够简单便捷地参与相关活动，传播效果较佳。

通过上述省份在非物质文化遗产数字化保护方面所做的工作及成果，我们可以总结出我国非物质文化遗产数字化保护的基本情况。一方面是在积极的搜集非物质文化遗产数字资源，建设非物质文化遗产数字博物馆等专项数据库，并推动相关资源的共享，让社会大众能够方便地获取到想要的信息；另一方面则是构建非物质文化遗产数字化保护的综合管理系统，将各类功能囊括其中。当然，在未来的数字化保护工作中，更重要的还是坚持创新发展，在汲取国内外先进经验的同时，结合国内不同地区、不同类型非遗特点的实际情况开展具体的数字化保护工作。

第二节　我国非物质文化遗产数字化保护存在的问题

虽然我国在非物质文化遗产的数字化保护方面取得了一定的成就，但同时暴露出了一些问题。在实际的数字化保护进程中，除了受技术水平的影响外，还受到了我国法律制度、资金投入、人员投入以及管理等诸多因素的制约。一方面，我们应当肯定我国在非物质文化遗产数字化保护上取得的成就；另一方面，也要意识到非物质文化遗产的数字化保护是一项任重而道远的工作，

第二章 我国非物质文化遗产数字化保护现状及存在的问题

目前仍旧有许多不足之处,只有积极地去弥补不足,解决已经出现的问题,才有助于稳步推进我国非物质文化遗产的数字化保护。总体来看,我国非物质文化遗产数字化保护存在的主要问题有相关法律制度不健全、数字化保护投入机制相对匮乏、非遗数字化专业人才培养机构不成熟、本土掌握非遗数字化技术的人才有所缺失、地方政府保护工作存在疏漏、虚拟博物馆的效果不尽如人意以及知识产权难解决等。

1. 非物质文化遗产数字化保护相关法律制度不健全

1997年9月,在中共十五大会议上,全面依法治国的概念首次提出,它是对中华人民共和国历史经验进行深刻总结的成果。社会主义法治国家的建设离不开依法治国,而依法治国的前提是有法可依,这是社会各领域的基本遵循,在文化领域自然也是如此。法律是至高无上的,拥有着多重作用与意义,比如秩序意义、自由意义、正义意义、效率意义以及利益意义等。非物质文化遗产数字化保护的顺利实施离不开健全的法律制度的保驾护航。如今,我国的文化体制越来越健全,针对非物质文化遗产的数字化保护工作也在不断提速,这些都告诉我们,全新的时代已然来临。

从国家层面出发,早年间,为了推动非物质文化遗产的数字化保护,政府部门也制定并出台了一系列的规章制度。起初,这些规章制度还存在一定的不完善之处,随着数字化保护工作的具体实践,相关规章制度也在改变和完善,以尽可能地适应数字化

• 47 •

保护工作的需求。所以,当前已经形成了一系列人性化的非物质文化遗产数字化保护制度,但这些显然还远远不够。目前,我国的法律大多是围绕非物质文化遗产出台了一些专门的保护法,比如《非物质文化遗产法》《著作权法》《文物保护法》等。上述的法律规章还有部分局限在理论层面,缺乏实践性和可操作性。1997年5月20日,国务院发布了《传统工艺美术保护条例》,旨在保护传统工艺美术,促进传统工艺美术事业的繁荣与发展。在该保护条例出台以前,韩国曾召开发布会,将活字印刷术是韩国古代的成就这一不实信息传递给世界各国,并且试图向联合国教科文组织申报为韩国的非物质文化遗产。韩国的这一行为显然遭到了我国国民的厌恶,在国内社会各界引发了强烈的谴责。除了韩国以外,还有其他一些蠢蠢欲动的国家,想要将我国的非物质文化遗产占为己有,甚至有些国家的恶劣欲望得到了满足,导致我国的自主权利被剥夺。这一桩桩、一件件,都在警醒着我们,必须提高非物质文化遗产保护的重视度。此后,2011年2月25日,《中华人民共和国非物质文化遗产法》公布,并于同年6月1日起施行,其中明确指出了非物质文化遗产囊括的内容,并就非物质文化遗产的调查、代表性项目名录、传承与传播以及法律责任等给出了相应规定。《非物质文化遗产法》的公布与实施,让我国非物质文化遗产的保护工作有法可依,但是里面的法律条文宏观性较强,具体落实起来还面临着许多现实性的难题,还远远无法适用于所有可能出现的情形。

第二章 我国非物质文化遗产数字化保护现状及存在的问题

当前,我国只有《非物质文化遗产法》是用于保护非物质文化遗产的专门法律,其他的绝大多数法律都缺乏针对性,只是有个别条款涉及非遗的保护。特别是现如今非物质文化遗产的保护已经迈入了数字化的阶段,急需与时俱进的法律制度。发展到现在,我国还没有出台完善的针对非物质文化遗产数字化保护的法律,即便是与之相关的文件和规定,也是少之又少,内容极为单薄。多年的实践告诉我们,非物质文化遗产的数字化保护并非单一的技术工程,而是与文化、技术以及制度等诸多方面相关联的综合性工程。法律制度的健全是我国非物质文化遗产数字化保护的保障,也是基础。特别是随着非遗数字化保护工作的深度推进,出现了许多现有法律无法掌控的问题,尤以版权法律问题最为突出。非物质文化遗产本身就是知识产权的客体,如何对其自带的知识产权进行妥善保护,我国尚未形成明确的法律规章。现阶段,在非遗知识产权的保护方面,社会各界的学者、专家们可谓仁者见仁智者见智,意见的不统一也从侧面反映出我国非遗数字化成果版权相关法律制度的不完善。

与非物质文化遗产的法律保护相比,非物质文化遗产数字化成果的法律保护存在着显著区别,主要体现在五个方面。一是两者的保护方式不同。在国际社会上,发达国家和发展中国家就非物质文化遗产的保护方式一直都有着不同的见解,且在短时间内难以达成共识。当前,已经出台了许多保护民间文艺的国际条约,比如1886年9月签订的《保护文学和艺术作品伯尔尼公约》、

1982年2月8日生效的《班吉协定》以及1976年通过并公布的《发展中国家著作权保护突尼斯示范法》等。这些早年间颁布的国际条约，只是构建了民间文艺保护的大致框架，在具体的保护措施方面有着明显的短板，也没有得到众多发达国家的认可。一方面，发达国家与发展中国家的根本利益追求有所不同，所站的立场自然也就不同；另一方面，不同国家非物质文化遗产的保护客体本身就自带差异，这些都促使国家间难以就保护条约达成共识。非物质文化遗产拥有着显著特征，包括群体性、继承性、公有性以及流变性等。而在现代知识产权的保护法律中，非物质文化遗产的特征与受保护的客体应达到的标准不相符合，因此借助知识产权保护法来实现对非物质文化遗产的保护显然困难重重。在我国，绝大多数学者都大力倡导通过立法的方式来保护非物质文化遗产，但是一旦涉及具体的非遗保护方式，就出现了各种各样的想法，比如有学者认为应当出台特殊法保护，有学者认为应当公法与私法共同保护，还有学者认为可以在对现行知识产权制度适当变革的基础上达成对非物质文化遗产的法律保护目标。甚至还有少部分学者不认为法律可以有效地保护民间艺术，在他们看来，民间艺术的衰落与法律体系的完备程度关系并不算密切。发展到现在，非物质文化遗产的保护进入数字化保护阶段，又出现了数字化成果的法律保护问题，这要比非物质文化遗产本身的法律保护更复杂。如果一项非遗数字化成果是由具有独创性的智力劳动而创造的，那么就应当受到著作权法的保护；如果不具备独创性，则又应当有其他相关的法律对其进行保护。二是两者受保护的客体存在区别。就非物质文化遗产而言，以我国出台的《非物质文化遗产保护法》为标准，共有六类客体，即传统口头文学以及作为其载体的语言；传统美术、书法、音乐、舞蹈、戏剧、曲艺和杂技；传统技艺、医药和历法；传统的礼仪、节庆等民俗，传统体育和游艺；其他非物质文化遗产。就非物质文化遗产数字化成果而言，其客体形式也是多种多样，但是与非物质文化遗产本身相比则大相径庭，具体主要有虚拟化数字博物馆、数字图书馆、数据库、二维图片、三维图像以及音视频等。三是两者需要得到法律保护的权利内容不同，非物质文化遗产涉及的权利类型较为复杂，而非遗数字化成果的权利体系相对单一。四是两者的权利主体不同，非物质文化遗产是民族的财富，而非遗数字化成果则有着原本的组织筹划者、创作者以及制作者。五是两者的受保护期限不同，非物质文化遗产的保护倾向于永久性保护，而非遗数字化成果的保护则可以依据著作权或相关的法律规定。总之，非物质文化遗产数字化成果的法律保护有着自身特点，而我国现有的法律大多是围绕非物质文化遗产本身，针对其数字化过程、数字化成果等的法律体系还不够健全。

2. 数字化保护投入机制相对匮乏

为了切实对我国非物质文化遗产的数字化保护工作有一个更加全面客观的认知，笔者调查了发达国家在此方面的做法，主要从投入机制的角度入手进行了对比。结果发现，大多数发达国家在非物质文化遗产数字化保护方面的投入都是颇为巨大的，不单单是资金投入，还有人力投入、物力投入。与此同时，除了政府部门重视非遗数字化保护的投入以外，很多非政府组织机构、慈善机构以及个人志愿者等都参与到了这项工作中来，极大地推动了非遗数字化保护的进程。意大利、法国以及美国等国家的非遗数字化保护投入机制都是具有代表性的，各种组织机构及个人积极参与，投入机制颇为完善，运作效率颇高。

在意大利，政府部门设立了负责不同非遗资源共享工作的中央学会，每天的工作就是登记非遗资源并有序整理，为非遗数字化工作的推进打下了良好的基础。截至目前，意大利已经上线了众多非物质文化遗产资源网站，并顺利完成了包含因特网文化遗产项目等在内的众多非遗数字化保护项目，不仅满足了国内对非物质文化遗产资源的共享与获取，还可以满足国际上的相关需求。在法国，文化部下设了专门负责非物质文化遗产保护工作的文化遗产局，并且鼓励民众参与到非物质文化遗产的保护中来。法国国家图书馆积极主导了名为"加利卡"的非遗数字化项目，截至2003年就已经完成了816万种书刊、30万幅静态影像、5 000多款目法国游历等繁多非遗内容的数字化工作。2010年年底，法国正式启动"文化、科学和教育内容数字化"项目，预算投入近8亿欧元，囊括文化产业中的各个领域，收效显著。在美国，纵使其本土的非物质文化遗产屈指可数，但美国在非遗数字化保护中的投入是不可小觑的。"美国记忆"工程闻名世界,不仅登记、整理并保存了记载美国印象的各种资源,更是通过互联网等渠道免费、公开地提供给社会大众。如今,美国还在继续加大非遗数字化保护的投入力度,民众可以免费浏览并检索包含民间文学、妇女运动史、美国黑人历史以及宗教文化等在内的百余个非遗主题资料库。

相比之下,我国当前在非遗数字化保护方面的投入还有待进一步加大,投入机制也有待进一步建立健全。就目前来看,政府部门是非遗数字化保护工作的主导者,经费也基本来自国家,鲜有非政府的组织机构或个人志愿者的自主投入。然而,我们应当清楚地知道,仅仅依赖政府部门的努力是不够的,很容易导致非遗数字化的保护陷入人力、物力不足的窘境。倘若硬件设备跟不上、人才水平跟不上,何谈非遗数字化技术的应用?为了解决这一问题,我国众多非遗保护研究机构纷纷发出呼吁,期望社会各界都能参与到非物质文化遗产的数字化保护中来。而投入机制匮乏的问题,想必只能依赖政府部门出台相关的政策以切实解决。

3.非遗数字化专业人才培养机构不成熟

随着信息化时代的到来,互联网不断发展,数字化技术如火如荼。与此同时,非物质文化遗产的数字化保护逐渐成为大势所趋,这充分表明有一个成熟的科学技术生产力的重要性。然而利用这一手段对非物质文化遗产进行保护的过程中是尤为复杂的,其科技含量也是极高的。我国当前正处于快速发展时期,利用数字化这种手段来保护非物质文化遗产并不是一代人就能完成的,此项技术需要我们每一代人都掌握,"子子孙孙,无穷匮也",方能保证非物质文化遗产数字化保护工作的高效完成。但该技术并不能全盘推翻原有的保护方法,而应保留先前方法的优点,去其糟粕,取其精华,在其基础上再进行创新。当前对于利用数字化技术保护非物质文化遗产的专业技术人员的培养刻不容缓,这也成为我国非遗数字化保护开展工作中的重中之重。我国早已完善了《非物质文化遗产法》中关于该技术的规章制度,然而这是远远不够的,毕竟青少年才是国家的未来和民族的希望,因此应在各初高等学校学习的课程里,加入关于非物质文化遗产保护方面的内容,让保护非物质文化遗产的观念渗透到学生们的学习生活中。此前,非物质文化遗产已成为各小学教材里的学习内容,毕竟要从娃娃抓起,而这些内容甚至比原有的更受学生们欢迎,呈现出良好的反响,学生们学习起来也格外感兴趣。然而,事实并不是我们眼睛所看的表面这样,经过一些实地调查后发现,这其中还存在着很多问题,譬如,学校在这些方面开设的课程太少且不集中,教师也并不是受过专业培训的,以至于相关的体系不够完善,并且教授给学生的知识内容极其简单,所以他们对于这方面的知识只是了解了一些皮毛,况且学校只注重理论教学,没有人去关心该不该实践,该如何去实践,然而,众所周知实践才是检验真理的唯一标准。由此可见,虽然将非物质文化遗产的数字化保护纳入学习内容，但教师传授的这些简单零散的知识，与国家想要培养的高科技人才的目的还相去甚远，且与理想中的效果差距过大。

当前，我国正从高速发展向高质量发展转变，因此21世纪对于各行各业人才的需求刻不容缓，但人才在当前时期也是最缺乏的，因此对于各种类型人才的培养在国家开展工作中不言而喻是极为重要的。习近平总书记说，教育是对中华民族伟大复兴具有决定性意义的事业。而人才的培养必然是以教育为前提，当然这种教育必须具有针对性才能事半功倍。纵观各种教育行业、培训机构等，针对非物质文化遗产数字化保护的课程真是少之又少，就别提利用数字化对非物质文化遗产进行保护这种模式了。对于当前我们所面临的各种问题，教育部也表现出了极大的重视，中央民族大学、南京大学等"985"高校，已开始发挥带头作用，开始对一些民间艺术进行全方位的研究，在学校中开展线上以及线下学习，取得了很好的效果。然而，任何事情都是两面的，问题也逐渐显露出来。首先，大学生本就有自己的专业课，以及各种用来修学分的必修课和选修课。因此，他们并不能将大部分时间用来学习非物质文化遗产数字化保护的课程。倘若把非物质文化遗产保护这方面内容作为专业课来学，这是很不现实的，因为本就不具有专业性。而当作选修课达到的效果又不好，起不到很好地传承优秀文化的作用。不乏有一些商家抓住商机开设一些专业培训机构，但是他们并不清楚培训这些知识的目的，并且现在这很小众，愿意去培训的人也很少，由于人少，利润薄，所以商家的动力不足。

总体来看，我国当前对于非物质文化遗产数字化人才的培养力度和水平还有待提高，而已有的相关培训机构也不够成熟，缺乏科学高效的人才培养机制。与此同时，参与学习的人群还没有完全意识到非物质文化遗产数字化保护的重要性，相当一部分学习者无法深刻体会中华优秀传统文化在中华民族伟大复兴中的地位和作用。这种种原因对利用数字化技术保护非物质文化遗产均造成了不同程度的不利影响。

4. 本土掌握非遗数字化技术的人才有所缺失

就目前来看，基本上各个地区都在积极开展非物质文化遗产的数字化保护工作，以竭力拯救那些濒临消亡的非物质文化遗产。但在数字化保护工作的开展过程中，经常会遇到一连串的实施难题，格外令人沮丧。面对着时不时就会陷入的困境，各级地方政府也在积极努力克服，主要就是通过先进化技术的引进，但是又出现了一个全新的难题，那就是掌握非遗数字化技术的人才大量缺失，而这也并非单一的原因造成的，具体牵涉多个方面。事实上，在地方非遗数字化的保护中，也不乏明晰数字化技术重要性的有识之士，但是受传统观念的影响，他们对数字化技术的学习意识还比较薄弱，对自身的潜能也缺乏信心。很多地方政府部门已经意识到了数字化人才缺失的问题，并加大了相关人才的引进和培养力度，但是在具体的培养过程中，还是倾向于理论上的知识灌输，对实际的操作实践则有所忽视。再加上部分地方经济本身就不发达，投入非遗数字化保护的财力、物力自然也就有所欠缺，条件愈发艰苦，人才也就愈发难以留住。这时候就会有非专业人士进入非遗数字化保护领域中，滥竽充数的现象越来越多。

很多地方在非物质文化遗产的数字化保护中都面临着技术力量不足的问题，笔者在实际的调查中也有所发现。大多数非遗保护工作者都能够娴熟地完成非物质文化遗产的收集和宣传工作，但是在信息技术的应用方面则有所欠缺。只有极少数非遗保护工作者不仅熟悉非遗数字化保护的政策法规，还能够科学合理地应用数字化技术来完成非物质文化遗产的保存、宣传和推介工作。地方政府虽然在非物质文化遗产的数字化保护工作中下了很多功夫，也投入了硬件设备，但是由于缺乏掌握数字化技术的专业人员，导致一些工作的开展不规范，或者根本难以开展下去。当然，还有一些地方由于资金极度缺乏，配备的非遗数字化保护设备仅限于照相机和摄像机，像高速扫描仪、三维动态拍摄器材以及硬盘等资源储存设备基本上很少见。硬件设备的受限，再加上人员不足，致使一些极具价值的非物质文化遗产未能得到有效保护，等缓过神来再去抢救时，往往为时已晚。比如河南省禹州市稀有的民间舞蹈弓子锣舞，即便拥有着巨大的文化价值，但受技术力量、专业人才和展示平台的限制，发展空间逐步缩小，发展后劲不足，正慢慢走向消亡。

本土非遗数字化保护人才的缺失，并不代表着我国相关技术力量的薄弱，相当一部分原因是越来越多掌握先进数字化技术的人才都流向了北上广等一线城市，甚至选择到国外发展。很多年轻人不愿意滞留于地方，一是由于地方待遇不佳，从事相关工作获得的报酬有限；二是由于地方相对封闭，现代年轻人更多地期望能够看看外面的世界，真正能够耐得住寂寞，在地方上深挖非物质文化遗产数字化保护的有志之士寥寥无几。非物质文化遗产的数字化保护不是一朝一夕的工作，需要长久坚持，还有一些刚刚入门的从业人员，因无法忍受短时间内的困难而选择放弃。

5. 地方政府非遗数字化保护工作存在疏漏

社会的发展日新月异，特别是在进入新时代以来，人民日益增长的美好生活需要和不平衡不充分的发展之间的矛盾已经成为我国社会的主要矛盾。人们对美好生活的需要，包含物质需要，更涉及精神需求，而精神需求则主要体现在对多元文化的渴求方面。在我国各个地区，从省级到市级再到县级直至地方村落，都是非物质文化遗产数字化保护的重要环节，但当前并非每个环节都充分发挥了应有的作用，这一方面是由于非遗数字化保护本身是一项庞杂的工作，需要将文化与现代技术巧妙结合；另一方面则是由于部分地方政府在非遗数字化保护的过程中存在一定的疏漏。非遗数字化保护是一个学科交叉的领域，我们目前还处于起步阶段，还有很多空白之处等待去探索、去发掘，对于地方政府而言，正确的做法是提升对非遗数字化研究的重视度，并从人力、物力以及财力等诸多力所能及的方面积极地予以支持。但在如今愈发浮躁的社会里，某些地方政府更加注重短期效益，缺乏长远规划，而非物质文化遗产的数字化保护在短期内无法为当地带来可观的收益，这在一定程度上打击了某些部门在部分非遗数字化保护中的工作积极性。

保护意识的片面性，是阻碍非遗数字化保护工作顺利开展的不良因素之一。非遗数字化保护工作的疏漏，虽然在短时间内不会产生显著的不良影响，但长期看来将会导致我国文化面临不可挽回的重大损失。比如有很多传承了成百上千年的手工艺技术，以家族为传承主体，历经千难万险才得以延续至今。可在走访调查中发现，有些非遗项目传承人的后人对非遗数字化保护丝毫不感兴趣，也不愿意继承祖辈的基业。可有部分人，他们日思夜想都期望能够感受文化的熏陶，对非物质文化遗产拥有着浓厚的传承兴趣，可缺乏类似家族环境等便利的条件。倘若在未来，非物质文化遗产的数字化保护还是过于强调家族式传承，那么对于非物质文化遗产的长久传承和保护工作而言可能会产生不少阻碍。

与此同时，地方政府非遗数字化保护工作的疏漏表现在区域建设失衡的问题上。以河北省为例，该省主要是在各地方文化广播电视新闻出版局等部门的牵头下，实施非物质文化遗产普查、抢救以及数字化保护工作。具体到各个地方的非遗数字化建设，暴露出了较为明显的不平衡问题，还出现了重复开发非物质文化遗产网站导致资源浪费的现象产生。相比之下，有些地方则根本没有非物质文化遗产网站等数字化渠道,人们想要查找非物质文化遗产信息找不到有效途径。有些地方虽然具有非遗数字化保护的线上栏目,但是由于数据过于分散,查找阅览往往比较费时。

6.虚拟博物馆的效果不尽如人意

近年来,我国各地方也打造了不少虚拟博物馆,用户可以通过虚拟博物馆仿若身临其境般的游览。在理想的虚拟博物馆中,可以感受到真实博物馆的结构,比如走廊、柱子,并在其中全方位地模拟出各类展品。但是当我们真正进入虚拟博物馆,去欣赏那些艺术作品时,效果却没有想象中那么好。基于先进计算机技术的展品模拟,图像质量精度也是会受到限制,导致不少二维画作无法清晰地观赏到,为此不少用户选择使用放大工具。然而即便将画作放大至最高比例,很多细节仍旧无法精确地观赏到,只能大致了解到画作内容。面对这一问题,我国的虚拟博物馆管理者也并非无动于衷,他们也采取了一些解决措施,比如精确地放大部分重要展品,在展品旁附以详细的文字说明,从而对用户的观赏起到了一定的帮助作用。二维画作的展示已经出现了这些问题,那么三维作品呢?事实上,在虚拟博物馆观赏三维作品,其效果比二维作品还要更差一些。在虚拟展厅里,访客往往难以窥见一些雕塑作品的全部角度,而是只能通过有限的角度来获得静止视图。在国外,有些虚拟博物馆为了达到良好的观赏效果,均积极采用更新的软件、更先进的技术改变显示方法,其中以苹果公司的 Quick Time 软件应用最为广泛。我国的虚拟博物馆也在努力跟上科技的发展趋势，但是由于藏品众多，而软件更新换代较快、显示精度也在不断提升，想要短时间内完成所有高质量图片的更换的确存在较大的难度。

在虚拟博物馆中所应用的虚拟现实技术对二维作品的展现更为有利。当我们放大二维作品时，可以获得的是一张高清的放大图，能够毫无遗漏地观赏作品内容。但当我们放大三维作品时，大部分角度都是被预设好的，有些照片即便能够前后左右的自由观看，但效果也不够理想。在真实博物馆里的参观，我们可以根据自己的兴趣爱好任意选择参观方向或参观项目，虽然虚拟博物馆也呈现出一定的自由性，但是在用户视角的选择方面还是有诸多限制，互动性较差，参观者还是比较被动的。与此同时，通过虚拟博物馆，参观者只能与艺术品单独相处，没有了拥挤的人群、没有了嘈杂的讲述者，场景变得安静而孤立。虽然这种观赏方式可以让人静下心来细细品味，却也有失来自真实博物馆的精神享受。因为当我们迈入真实博物馆的那一刻，能够近距离地看到在岁月的流逝中，某件文物或某件艺术品留下的痕迹，由此产生无尽的感慨与遐想。而虚拟博物馆中那些经由虚拟现实技术还原而来的展品显然难以让人产生这般的感动之情。在现实生活中，我们到博物馆并非仅仅为了获取文物知识，更多的是享受参观的体验过程，会有引导员告诉我们某件艺术作品的价值表现在哪里，某件艺术作品背后都有哪些故事，而这些类似的人性化服务大多数虚拟博物馆无法提供。

换言之，当前我国虚拟博物馆提供的非物质文化遗产展示较倾向于快餐式的浏览。面对驳杂的栏目划分，有些访客抱着未知的态度逐个点开，有些访客则只选择自己感兴趣的部分进行浏览，再加上令人眼花缭乱的图片资料，最终往往使访客们陷入机械的画面点击中，难以有深度的体验和思考。即便是各方面还不完善的虚拟图书馆，其构建也需要耗费大量的资金，我国相当一部分博物馆都难以支撑这笔费用，只得望而却步。已经建成的虚拟博物馆，想要达到理想的展示效果，还有很长的一段路要走，很多问题都等待着更先进的科学技术来解决。大多数博物馆所提供的虚拟展览服务，基本都是以图片为核心展示元素，辅之以文字说明和细节放大，这是一种简单直接的展览方式，但同时散发出不可抑制的枯燥感，用户体验相对较差。而且图片的使用还面临着版权的问题，有些博物馆为了解决这一问题，纷纷选择了添加水印的方式，但是这也无法阻挡一些机构或个人借助技术手段去除水印侵权使用。很多虚拟博物馆提供的视频资料都会在未经授权的情况下被转播，这也是我国非物质文化遗产数字化保护过程中面临的问题之一。就虚拟博物馆趣味性的提升而言，我们应当在鼓励博物馆提供虚拟展览服务的同时，充分考量到访客体验，比如可以将文化内涵作为主线，以此串联起虚拟博物馆的展品，也可以借鉴国外虚拟博物馆引导访客的一些方法，像卢浮宫的游览路线等。

此外，我国现有的虚拟博物馆在访客互动方面还存在着诸多不足之处，基本上所有的虚拟博物馆都是单方面地展示展品，访客在浏览时只是被动地接受信息灌输，极易产生厌倦心理，大大降低了博物馆网络资源的使用效果。中国国家博物馆意识到了这一问题，并采取了一定的解决措施，比如联合英国V&A博物馆以及新浪微博，举办了一场围绕中西方古代馆藏饰品的展示活动，取得了较大成功。我国很多网民都积极参与到了国家博物馆的活动中，这在非物质文化遗产的传播方面显然有着重要价值。与此同时，我国为了推动非物质文化遗产数字化保护和传播工作，也开拓出了不少文博探索节目，其中尤以《国家宝藏》最为典型，拉近了当代人与历史文物的距离，受到了社会各界的欢迎。由此可见，对于众多博物馆自身而言，也应当积极谋求展品的创新展览方式，给访客提供一个可以互动交流的平台。

7. 数字化成本较高且存在一定缺陷

利用数字化技术对非物质文化遗产进行保护的这个过程是复杂且麻烦的，依赖的外界条件也很多，首先需要完善的软件以及硬件设施。在对非物质文化遗产相关信息的收集、整理、计算、分析以及到它展现于世人面前，这一过程对于设备的使用以及计算机软件硬件运用的要求都是极高的。而这个过程也存在着很多问题，比如应选择什么样的设备。设备的质量与费用支出直接相关，因此首先我们应从设备的费用出发去考量，然而如何在规定的预算内选择性价比更高的设备是一大难题。因为在同设备中可能存在软硬件等的不兼容，以至于无法同时运转，除此之外，还有很多别的问题。而国家对于数据加工这方面的标准以及规范要求并不完善，甚至根本没有可以作为参考的统一标准。与此同时，还有很多不被重视的问题，比如，在对数据进行计算处理、储存发布的时候还存在许多不可避免的问题。

首先，在非物质文化遗产数字化保护过程中，进展到哪里了，该做什么了，这其中的信息是变化的，以至于人们没有办法得到确切的信息。尽管非物质文化遗产数字化是当今时代一大热点，且有很多省市及相应的部门单位也在参与，很多项目也很早就提出了，但并不如意的是这些项目的效果并不明显，甚至即便有一定的效果也鲜为人知。相信很多人一定在各种地方各种平台浏览过关于利用数字化对非物质文化遗产进行保护的新闻消息等，但是如果你想对此做出进一步了解的时候，便会发现你并不能得到你想获取的信息。现在面临的状况就是，你必须先知道有这个项目，这必然是作为前提的，你才能进行下一步的操作，比如去收集相关的信息，然而以上只是对于专业人士来说的。我国绝大多数普通民众通常是不会有很大兴趣去了解什么是非物质文化遗产数字化技术保护的，这就导致当我们想跨过了解数字化非物质文化遗产保护，直接去了解进展的时候是非常不现实的，这是一个不可避免的难题。当前，我国还没有构建出完善的数字化非遗成果的专门发布平台，很多非遗数字化成果的信息和报道都只能零散的发布，相关成果的获取更是格外吃力。中国非物质文化遗产网·中国非物质文化遗产数字博物馆是我国非物质文化遗产保护与传播的官方信息发布平台，在该网站上线之初，内设的栏目颇为繁杂，信息量也很大，想要从中获取非物质文化遗产的数字化成果并不简单。近年来，在相关部门的主管下，该网站的信息更新速度较快，提供的非遗资料囊括文字、图片、影音等多种类型，但是提供的链接还不够全面，有时候还会出现无法链接的问题，缺乏稳定性。

其次，在多数情况下，不论是非物质文化遗产数据的提取，还是非物质文化遗产数据的处理，都需要依赖第三方开发的应用软件，相关数据的独立性显著较差，实用性自然也不高。自开展非物质文化遗产的数字化保护工作以来，我国各级地方政府均积极参与，纷纷筹建数据库，但由于采用的数据库技术不同，导致很多数据的存取遇到阻碍。有些非物质文化遗产的数据库还应用了口令等加密保护，虽然保证了非物质文化遗产资料的安全，却不利于非物质文化遗产数字化成果的共享。在非物质文化遗产数据库等项目的建设过程中，还可能出现资金的重复投入、工作的重复性实施等现象，主要是由于统一规范与标准额度缺乏。在非物质文化遗产的数字保护中，作为核心部分的"中央管理系统"需要强大的数据库的支撑，在我国，通常是商业软件扮演着这一重要的后台管理角色。商业软件的优势在于便捷高效，体系结构已经较为成熟，但是基本上价格都比较昂贵，而且伴随着版本的更新，操作方式常常也会发生改变，数字化从业人员需要重新学习才能继续使用。所以，在搭建非遗数字化成果中央管理系统时，要审慎地选择后台的支撑软件，起码要确保兼容性和安全可靠性。

再次，即便各个地方的博物馆和相关的非物质文化遗产组织机构都添置了数字设备，以便于用户查阅资料，但是这些设备的使用率却不够理想，在投放初期，使用者还比较多，时间久了，由于内容更新的缓慢、内容过于乏味等问题，很多新媒体设备被冷落在一旁，变成闲置资源。另外，还有一些需要专人维护的器材，由于博物馆等组织机构中的大多数从业人员对技术不太了解，所以面对设备故障时，也无从下手。很多设备就是在故障频出的过程中被束之高阁，数字化技术成本由此遭到极大浪费。

此外，在使用数字技术的过程中，还可能对非物质文化遗产的安全造成不良影响。当我们使用数字技术来处理非物质文化遗产信息时，极有可能渗透入现代文化或技术本身的影子，让原生态的非物质文化遗产不再那么纯粹，甚至会导致非遗元素的异化。以非物质文化遗产音频资料的整理和保存为例，有些早年间记录下来的音频格式已经无法适应新设备或音质有些损坏，这时候就需要花费时间做复原工作，然后转换为全新的音频格式，在这一过程中需要对声音进行二次处理，比如降噪、修正等，一不小心就会破坏了原音的特质，改变一些宝贵的文化元素。

第三章 图书馆在非物质文化遗产保护和传播过程中的地位、职责和作用

第一节 积极参与和配合非物质文化遗产的保护

2005年3月26日，国务院办公厅印发了《关于加强我国非物质文化遗产保护工作的意见》（以下简称《意见》），制定了我国非遗保护工作的目标和方针，并指出应逐步形成有中国特色的非物质文化遗产保护制度。《意见》中明确给出了非物质文化遗产保护工作的原则，即"政府主导、社会参与，明确职责、形成合力；长远规划、分步实施，点面结合、讲求实效"。图书馆是负责搜集、整理、收藏图书资料以供人阅览、参考的公共文化机构，在非物质文化遗产的保护和传播过程中，发挥的首要作用就表现在积极参与和配合方面，而这也是最基本的作用。长期以来，人们印象中的图书馆都是由仿佛无穷无尽的纸质书籍、文献堆砌而成的，事实也是如此，图书馆最突出的收藏特征便是静态的存储模式。在众多非物质文化遗产项目中，有相当一部分是以文字或画作的形式保存下来的，可以直接保存在图书馆中。另外还有很多口头传说、表演艺术、工艺技能等非物质文化遗产项目，它

们无法直接保存在图书馆中，而是需要经过二次加工，比如转换成文字或其他图书馆可以承载的方式来保存。与此同时，图书馆在成立之初的定位便倾向于文献的研究和读者的服务，只有地方志、家谱等非物质文化遗产类目切实归属于图书馆的研究范围，而其他非物质文化遗产项目则并非图书馆主要的研究对象。发展到现在，我国大多数图书馆仍没有设立专门研究非物质文化遗产保护的部门，非物质文化遗产保护与传播的专业人才和专业技术也有所欠缺。这些都体现出图书馆在保护和传播非物质文化遗产过程中的能力欠缺，也反映出图书馆难以独立地完成非物质文化遗产的保护和传播工作，因此只能从最基础的参与和配合做起。虽然一直以来图书馆享有诸多美誉，比如"没有围墙的大学"等，任何人都可以到图书馆中自由地汲取知识，但是在非物质文化遗产的保护和传播方面，特别是在非遗活体传承方面，图书馆面临的限制因素还是比较多的。

对于地方图书馆而言，则应当积极参与到本地区的非物质文化遗产保护中去，并配合地方政府完成非物质文化遗产的传播工作。联合国教科文组织对图书馆的职能进行了认定，主要划分为保存人类文化遗产、社会信息流整序、传递情报以及启发民智的文化教育等四项，其中保存人类文化遗产列为首项。早在公元前3000年，图书馆就已经出现，自诞生之日起，就担负起了保存人类文化遗产的光荣使命，并切实在其中发挥了不可替代的重要作用。各大图书馆一直都致力于各类文献资料的收集、整理、开发和保存,并将其陈列于社会大众面前,让读者能够在无限的知识殿堂中遨游。假如我们的世界失去了图书馆,不仅仅意味着文献资料的灰飞烟灭,更意味着人类文化历史的消亡。正是得益于众多图书馆机构不遗余力的努力,才让人类文化遗产成果绵延至今,而非物质文化遗产的保护和传播自然也离不开图书馆的参与和配合。地方图书馆除了为当地的人民群众提供知识获取的保障之外,还肩负着更为艰巨的任务,即地方文化传统的保护、地方政府所需信息资源的提供等。在地方建设中,图书馆也发挥着重要作用,能够间接服务于地区经济的发展。非物质文化遗产保护的意义我们在前文中已经详细陈述,图书馆致力于非物质文化遗产的保护自然也就义不容辞。在这场浩大的工程中,地方图书馆要扮演好参与者的角色,在地方政府部门的正确领导下,依托在文献信息保护方面的优势,充分发挥自身的光和热。

每个地方都拥有着悠久的地域文化,而这些通常会记载于地方文献中。我们可以通过地方文献,了解每个地区的社会历史沿革,见证一段段异彩纷呈的发展故事。地方文献的价值就在于它可以全方位地展现本土的实际情况,范围涵盖广阔,大到政治、经济、文化以及社会,小到个人,乃至是无生命的自然资源,能够从中获取到的信息内容可谓十分丰富。每个地区的历史见证人会繁衍一代又一代,劳动人民在实践活动中积累的经验、技艺也可以依托传承人的口传心授或文献记录得以永久流传。民间艺术、表演艺术、传统习俗等都是无形的、非物质的文化遗产,也在一定程度上是地方文献的一种。与我们所理解的传统意义上的地方文献相比，非物质文化遗产有着其自有的特征，两者之间的确存在差异性，但非物质文化遗产也涵盖在地方文献内容之中，差异性突出表现在载体的不同而已。地方璀璨的非物质文化遗产具有珍贵的价值，地方图书馆对当地非物质文化遗产的保护其实也可以从地方文献资料的保护入手，以此为切入点参与到非物质文化遗产的抢救和保护工作中。一方面，图书馆可以将自身服务地方建设的职能发挥到淋漓尽致；另一方面，图书馆也完成了积极参与和配合非物质文化遗产保护的基本任务，并从中挖掘出载体形式多样化的地方文献资料，以供开展更具价值的相关研究工作。

　　非物质文化遗产极易失传，而且一旦失传就不可再生，所以图书馆在参与和配合的过程中也应当严格遵循"保护为主、抢救第一、合理利用以及传承发展"的方针。在具体的非物质文化遗产保护与传播的参与和配合中，笔者认为图书馆可以从以下三方面入手开展相关工作。一是积极争取当地政府部门的授权和支持，为非物质文化遗产保护工作的顺利参与提供前提保障。在得到当地政府部门的授权与支持后，图书馆应做好自身的内部控制工作，不断完善非物质文化遗产的征集制度和保管制度，确保参与过程的系统性和有序性，而后再扮演好自己共建单位的角色，投身到非物质文化遗产的保护工作当中去。如此一来，不仅有助于当地高效地收集非物质文化遗产资料，也能够实现自身价值的最大化。二是要积极参与到当地非物质文化遗产的普查工作中去。非物质

第三章 图书馆在非物质文化遗产保护和传播过程中的地位、职责和作用

文化遗产的普查是整个非物质文化遗产保护中的基础环节，也是前提条件。后续的保护与传播工作的统筹安排，必然是要在清晰地了解非物质文化遗产基本情况的基础之上。非物质文化遗产的普查也是一项艰巨的工作，需要动用大量的人力、物力、财力，而这恰恰为图书馆的参与和配合提供了契机。图书馆应当基于已有的工作成果和研究成果，因地制宜地制订普查工作方案。在相关部门的统一部署下，完成分配给自身的任务，并做好与其他组织或机构的合作，切实推动当地非物质文化遗产普查工作的有序进行。在非物质文化遗产的认定和登记环节，图书馆也可以参与，要深入一线去了解有哪些非物质文化遗产资源，做好数量统计，核实好分布情况，并充分观察记录不同非物质文化遗产的生存环境，以此为依据制订保护措施。另外，图书馆还可以参与到非物质文化遗产名录体系的构建工作中，比如项目记录、项目分类或编制目录等。图书馆中从事于非物质文化遗产保护工作的专业人员，要就具体的保护工作展开科学论证，制订出相应的保护规划，为当地非物质文化遗产的长远保护决策提供科学可靠的信息资源。三是与当地相关单位分工合作，展开针对非物质文化遗产的田野调查，为保护非物质文化遗产的原生态贡献力量。

此外，图书馆参与和配合的作用还表现在图书馆可以为非物质文化遗产活动提供开展场所以及组织服务。图书馆除了能够为社会大众提供文献信息服务外，还可以为各类非物质文化遗产活动提供开展场所，以达到支持非物质文化遗产保护工作的目的，

对于图书馆自身文化意蕴的提升也有着一定意义。

第二节 收集非遗资料并保护文化多样性

图书馆是人类文明的标志，保护人类文化遗产是其四大职能之一，而保护的前提在于收集。因此，对于图书馆而言，在非物质文化遗产的保护中还有一项重要任务，那就是非遗资料的收集。在非物质文化遗产信息资源的收集过程中，图书馆的相关从业专业人员要充分发挥自己的学术特长，及时反馈，并探索更加高效的收集方案。经过多年发展，各地的图书馆都已经积累了极为丰富的文献藏品，可以先从内部着手，整理和发掘已有的地方文献资料。从海量的地方文献资料中找出有关于非物质文化遗产的记录和档案，并进行多方的考证核实，为相关非物质文化遗产项目的申报提供翔实的资料支撑。有条件的图书馆自行或与有关单位合作，到地方一线展开非物质文化遗产的调查工作。在村镇中寻找对非物质文化遗产有所了解的居民，对他们进行采访，获取一些口头信息并记录下来。在采风工作结束后，图书馆相关工作人员要将亲身所得进行整理，以文化专题的形式呈现出来，并将收集到的文献图片、影像资料等保存到专门的档案室中，逐步建立起专门保存非物质文化遗产资料的资源数据库。图书馆非遗资料的收集范围还可以扩展到非物质文化遗产申报过程中所有的直接或间接的档案资料，比如地方政府在申报和保护过程中形成的各类文件、各类图片以及各类影音资料，这些对于后续的保护和研究而言都具有重要的价值。

除了国家图书馆、地方图书馆等社会图书馆以外，高校图书馆在非物质文化遗产信息资源的收集工作中也扮演着重要角色。对于高校图书馆而言，可以收集的非物质文化遗产信息资源主要包括两种类型，一是对非物质文化遗产资源进行检索的二次文献资料，二是对非物质文化遗产资源进行研究的档案性信息。21世纪以来，特别是2005年之后，我国中央政府以及地方各级政府对非物质文化遗产的抢救和保护都给予了前所未有的高度重视，并在全国范围内投入了大量人力、物力、财力开展了非物质文化遗产的普查工作。但是，在普查工作的实践过程中，涌现了许多出乎意料的阻碍，主要是由于自上而下的非遗普查工作局限性显著，再加上"按抢救的迫切程度进行"这一方针，使得很多非物质文化遗产项目被忽视。高校图书馆中保存着学界的文化记忆和社会的发展记忆，在传播和弘扬中华民族优秀传统文化的同时，还能够为非物质文化遗产的普查工作提供颇有价值的资料线索。事实上，这也与图书馆预测学中的前瞻性服务功能相吻合。当然，非物质文化遗产因其自身的特殊性，它的收集工作与普通的文献资料的收集存在着较大不同，主要是会涉及多个学科，因此图书馆在从事非物质文化遗产信息资源的收集工作时，还要注重向民俗学、人类学以及社会学专家请教，将非物质文化遗产的本体因素、源流因素以及生存环境因素等考虑在内。作为人类历史的沉淀，非物质文化遗产自带民族特性，兼具多样性，受地域受众影响较大。目前而言，很多非物质文化遗产都缺乏翔实的文献记载，还有部分非物质文化遗产在传承的过程中发展空间越来越狭窄，流传不广而导致鲜为人知。这也彰显出文献信息资源在非物质文化遗产保护和研究中的重要性。大学图书馆中从事非遗保护相关工作的学者应投身于海量文献信息资源的甄别、理顺和剔除工作中，对获得的信息进行二次、三次乃至多次的加工，以形成非物质文化遗产档案初稿，提供给非物质文化遗产保护专家，汇总各方意见后再度修订，最终确定出最为全面、科学的非物质文化遗产档案。这些档案一方面留存以供后人研究，另一方面也将为非物质文化遗产项目的申报提供重要证据。与此同时，大学图书馆还可以经由收集而得的非物质文化遗产档案，同当地政府部门建立起更加深层次的非物质文化遗产保护合作。一是针对非物质文化遗产项目的定位工作；二是非物质文化遗产残存片段的搜集和复原工作；三是对濒危非物质文化遗产的搜集、抢救、复原和保护工作；四是对已经消亡的非物质文化遗产进行补救性的描述与记载，充分利用遗留的相关资料，尽可能地留下更多的非遗记忆。

在图书馆完成非物质文化遗产信息资源的收集任务后，接下来要做的就是非物质文化遗产信息资源的保护工作，而这其实也意味着文化多样性的保护。民间文学、民间艺术以及民间习俗等共同构成了非物质文化遗产，其中蕴藏着文化的多样性。而图书馆对于非物质文化遗产的保护，更多的是依托这一子文化系统来达到保护文化多样性的目的。图书馆将收集到的非物质文化遗产信息资源妥善保存到专题资源库中，并逐步以历史、地域以及民族等为分类依据打造出专题馆，形成对文化资源的系统性保存与保护。图书馆对非物质文化遗产的保护更得心应手的应当是文献化的保护手段。所谓非物质文化遗产的文献化就是指非物质文化遗产从原本的载体中脱离而出，以文字、图片的形式展现在人们面前，转变为大众所共知的知识存在形式。不过，要注意的是，在"非遗文献化"中涉及的文献概念是广义上的，不只是局限在文字上，同时将图片、影音等涵盖在内。口传心授、行为范式等是绝大多数非物质文化遗产的传承途径，未来的传承与发扬除了依托文字外，更多的还是要借助于图像、影音技术。实践证明，非物质文化遗产资源的长期保存必然要转化为让人看得见、摸得着的存在形式。早年间，非物质文化遗产从动态转变为静态的存在，就已经是保护工作中的重大飞越。当有了非物质文化遗产的文字记录，学者们在开展相关研究工作时就变得有据可依，更为直接和便捷，同时便利了后续的保护工作。非遗文献化本身就与图书馆的收藏职能不谋而合，也正因为如此，我国很多地区的图书馆纷纷在馆内开设了非遗特色馆，升级了自身的文献资源体系，比如吉林通化市图书馆中就可以找到以"满族非遗"为主题的特色馆藏。

图书馆在非物质文化遗产的文献化保护工作中还要注重一手资料的获取途径，必须要经过亲身的实地调研，而非假手于他人，这样才能切实保障所获资料的可靠性。对非物质文化遗产最有效的保护就是建立在田野实践上的保护。以湖南省湘潭市的传统民间音乐青山唢呐为例，图书馆在收集和保护相关的非遗信息资源时，可以在请教民间音乐专家的基础上，从乐器、曲式、演奏技巧等微观角度出发搜集相关资料，并转化为可供图书馆保存的文献形式。除了将收集的非物质文化遗产文献化以外，图书馆也不要忽视了馆内本就藏有的一些与非物质文化遗产相关的文献，要将它们作为重点保护项目。图书馆在保护当地非物质文化遗产的同时，要注重挖掘馆内与非遗相关的历史文献资料，并进行归档整理，对号入座，实现非物质文化遗产信息资源的全面归集。

特别是一些民族图书馆，在文化多样性的保护中更是发挥着关键性作用。民族地区图书馆不仅要提供多元化的服务，还要构建起多元化的信息资源，在当地非物质文化遗产的保护工作中力争创新，打造出鲜明的民族特色。以黔东南民族自治州为例，当地的图书馆应当依托多民族多姿多彩的文化资源，传承民族文化，推动文化之间的交流沟通，以达到保护和传播文化多样性的目的。我国作为一个多民族国家，倘若每个民族图书馆都能够积极参与到非物质文化遗产的保护中来，我们的民族文化必然越来越繁荣。

第三节 整理非遗资料并从事非遗研究工作

图书馆的工作性质和工作任务决定了其在非物质文化遗产的

第三章 图书馆在非物质文化遗产保护和传播过程中的地位、职责和作用

鉴定方面必然力不从心，但是在非物质文化遗产项目资料的整理以及非物质文化遗产的研究方面却拥有着得天独厚的优势，具体表现在人才优势和技术优势两方面。我们先从图书馆在非物质文化遗产资料的整理作用谈起。事实上，在图书馆成立之初，其主要任务就是整理各种各样的文献资料，实现文献资料的有序排列，进而为社会大众的检索与获取提供便利。作为文献信息中心和知识中心，图书馆中囊括的学术资源可谓十分丰富。人们走进图书馆，就能够轻松地找到自己需要的文献资料，而这一切都离不开幕后工作人员的努力。图书馆的工作人员要将繁杂的文献资料分类归档，经过科学的整理后再排列起来，这是一项复杂且需要专业水准的工作，从业人员也是具备专门知识和技能的人才。到了非物质文化遗产资料的整理，同样也需要类似的人才，恰好就可以在图书馆中找到，且均经受了多年的专业训练和实践锻炼，积累了许多经验。除了人才以外，图书馆中还具备用于信息资源加工和分析的先进的现代化设备及技术，这些都将在非物质文化遗产项目的抢救及后续资料的整理中发挥重要作用。图书馆对非物质文化遗产资料的整理重点在于实现非物质文化遗产的知识体系化，这是因为非物质文化遗产本身是"非物质的"，是"无形的"，只有当其转化为文字、影音资料等才能够得以长久保存，世代传承给后人。这一保存效果的达成有赖于图书馆充分运用自身的信息保护技术促使非物质文化遗产知识体系化，帮助其能够更加长远地保存下去。比如，图书馆可以运用录音的方式记载各类口头

传说，形成翔实的语音资料；可以运用摄像、摄影的方式记载各类表演艺术，形成直观鲜明的图像、音频资料。与此同时，还可以对原始资料进行相应的整理，以恰当的方式存储下来。

当然，图书馆在整理调查收集到的非物质文化遗产资料时，会格外注重其原生态特性，遵循"原汁原味"的整理原则。在非物质文化遗产资料的整理方面，图书馆通常拥有一套科学的整理方法，涵盖资料分类、资料目录编排、档案建立等各个环节，为非物质文化遗产资料的妥善收藏提供了可靠保障。很多开展田野调查活动的图书馆，都会在调查结束以后，整理调查过程中拍摄的照片和音像资料，并将所有的口述资料转换为文字形式，而后对具体内容进行分类、编排、编目，最终再归档至专门的馆藏室。有条件的图书馆还会将所有收集到的非物质文化遗产资料数字化，将其存储于馆内的数据库中，并在相关的非物质文化遗产网站上共享。这样一来，当地的人们就可以通过互联网的渠道查询到想要了解的非物质文化遗产信息，透过可靠的文字记录、直观的图片记录，感受当地的历史文化，同时为非物质文化遗产项目的申报提供了信息资源保障。现如今，越来越多的图书馆主动参与到非物质文化遗产项目的申报工作中来，在履行保护文献典籍这一神圣使命的基础上介入当地非物质文化遗产的申报。图书馆中文献的完整性、可靠性都是其他机构望尘莫及的，不少地方图书馆中藏有大量民间文献资源，这些资源经过整理开发都将对相关非物质文化遗产项目的申报大有裨益。2006年，在成都图书馆的主导下，成都非物质文化遗产数字博物馆顺利建立，这是我国首家地方性非物质文化遗产数字博物馆，展示了成都丰富多彩的非物质文化遗产魅力。当然，还有很多图书馆都在致力于非物质文化遗产资料的整理工作，并取得了骄人的成就，以山东省图书馆为例，在2013年"文化遗产日"期间，该图书馆整理出了四万多项非物质文化遗产资料，在非物质文化遗产和相关古籍的保护方面可谓硕果累累。

国家以及地方大型图书馆中均聚集了一批高水平的研究型人才，很多人都在文献研究或地方文化研究方面颇有建树。各个大学图书馆中更是具备多学科的综合人才，他们都可以从事非物质文化遗产的深度研究工作。相较于其他文化单位或部门，这些图书馆中不少专家学者本就长年专攻于民间艺术、工艺技能等非物质文化遗产领域，专业能力、学术水平均较高。图书馆中的济济人才，不仅承担着日常的文献整理和保存工作，还会接触到非物质文化遗产的田野调查及保护，很多人都已经熟悉了非物质文化遗产的保护工作，兼具理论认知与实践支撑。图书馆完全可以将收集、整理的非物质文化遗产资料递交给馆内专业人才进行研究，探索更好的保存途径，寻求将这些优秀民族文化发扬光大的有效方式，推动我国文化走向世界。

整体来看，图书馆在非物质文化遗产的整理研究环节需要做的工作无外乎非物质文化遗产的记录、非物质文化遗产的分类以及非物质文化遗产的深入研究。就图书馆而言，应当响应各地文化部门的号召，主动投身到非物质文化遗产的记录工作中来，并基于馆内的学术力量为非物质文化遗产的科学分类提供相应的指导。图书馆在开展非物质文化遗产的记录工作时，主要通过声像记录设备各种研究记录两种方式，其中声像记录设备在前文中已经多次提及，也就是采取拍照、录音、录像等方式直接记录；而研究记录则主要呈现为文字形式，内容涉及文字陈述、数据统计等，通常会由图书馆整理出逻辑分明的研究报告。而对这些记录后资料的深度研究工作则需要依赖于各个领域的专家学者，很多研究记录其实就是在这个过程中产生并不断完善的。在非物质文化遗产的记录工作中，图书馆可以发挥自身的整理研究职能，这在国外很多图书馆已经有了先例。比如美国国会图书馆，该图书馆派遣了专人从事非物质文化遗产的定期拍摄工作，以了解不同阶段非物质文化遗产的表现状态，比如是否发生了改变等，而后会将拍摄后的资料整理归档，作为馆藏。美国国会图书馆的这种做法，在丰富馆藏的同时，为专家学者们的研究提供了丰富的资料，值得我国各大图书馆学习和借鉴。

除了切身参与到非物质文化遗产的记录工作中以外，图书馆还具备着非物质文化遗产分类工作的经验指导职能。所谓分类，其实就是以事物的特点为依据，从较为宏观的角度对其进行整理和划分，以形成具备逻辑性和系统性的类目。通过科学的分类，那些庞杂的事物将变得有序，更易于让人把握其丰富的内涵和突出的外在特征，对于事物的深度研究而言意义重大。伴随着科学发展水平的不断提高,分类思想顺势而生,它源于科学需求,又推动了科学的向前发展。由此可见,对非物质文化遗产的分类是图书馆对非物质文化遗产深入研究的必然要求。从现实角度出发,图书馆在开展非物质文化遗产的实际保护工作时,很难跳过分类这一环节。我国地大物博,地方非物质文化遗产往往都是单个、零散的个体,研究起来费时费力。通过科学的分类,基于相似的传承规律和表现方式,将具有共性的非物质文化遗产划分为一类,图书馆中的专家学者就能够更轻松地开展研究工作,在降低工作难度的同时,提升工作效率。从理论角度出发,人们对非物质文化遗产的认识过程是循序渐进的,由简单到复杂,由表象到内涵,由感性到理性。在这整个过程中,如果仅仅抓住最初表面的感性认识是远远不够的,还需要完成到理性认识的飞跃,这就离不开系统的理论研究这一桥梁,图书馆恰恰就可以在此扮演桥梁构建者的角色。如果我们对非物质文化遗产的认识只停留在概念层次,那么就很难良好地完成非物质文化遗产的保护工作。只有对非物质文化遗产的认识不断深入,推动各地区各非物质文化遗产项目特征的明朗化,才能够更加科学高效地完成非物质文化遗产的保护工作。图书馆非遗整理和研究工作的重要性由此可见一斑。

第四节 宣传推广非遗项目并发挥教育作用

现代社会,伴随着我国教育文化事业发展的突飞猛进,图书馆的规模、功能等也均有所拓展，不再局限于为社会大众提供文献信息服务，还能够为各种社会文化活动提供场所或自行组织相关活动。许多图书馆如今都已经配备了展览厅、美术馆、音乐厅以及报告厅等文化场所，提供的服务越来越多样化。图书馆可以依托展览厅等场所，发挥自身的展出作用，以此来达到针对非物质文化遗产的保护和宣传效果。与博物馆不同，图书馆由于缺乏展览经验，在非物质文化遗产的展示方式、形式方面还有许多需要探索的地方。在这种情况下，图书馆应当在充分考量不同非物质文化遗产的特点的基础之上，制订科学合理的展出方案，比如在展示一些民间技艺时，可以邀请工匠艺人亲自到现场表演，还可以让工匠艺人们带动参观者参与进来，一起完成诸如剪纸、年画、泥塑以及制陶等艺术作品。如果图书馆较难邀请到民间艺人，也可以通过数字化渠道，向参观者展示一些非物质文化遗产作品的制作过程。目前，我国大多数图书馆在非物质文化遗产的宣传推广与教育中所付出的努力主要表现在三大方面：一是直接向社会大众传递和普及与非物质文化遗产相关的知识；二是举办非物质文化遗产专题展览活动，展览内容可能是本地的非物质文化遗产，也可能是外地的非物质文化遗产；三是推动并参与非物质文化遗产的学术交流活动。

  对于大学图书馆而言，对非物质文化遗产的宣传同时具备着教育作用。当然，与培养教育非物质文化遗产的传承人不同，大学图书馆的宣传教育通常是以学生、教师等为对象开展的短时间的相关活动,这也是大学图书馆保护非物质文化遗产的主要方式。在开展非物质文化遗产的宣传教育活动时,大学图书馆可以采取的具体方法也较为多元化,比如举办非物质文化遗产展览会、邀请非遗传承人进校园等都能够起到不错的效果。图书馆对非物质文化遗产的宣传推广还可以划分为网络式和实践式两种类型。首先,网络式也就是借助网络渠道开展非物质文化遗产的宣传教育工作,该途径受限较少,能够以较低的成本达到最佳的活动效果。借助互联网,非物质文化遗产的相关信息能够在短时间内大范围传播,收效极佳。当下,绝大多数图书馆都开发并上线了官方网站,也开通了微信公众号等新媒体平台,完全可以通过这些网络渠道发布非物质文化遗产的信息,让更多的人能够了解非物质文化遗产,产生对非物质文化遗产的兴趣,进而自发地参与到非物质文化遗产的宣传推广中来。其次,实践式也就是在现实生活中开展非物质文化遗产的宣传教育活动,起到与网络活动相呼应的作用,也占据着非常重要的地位。图书馆在宣传非物质文化遗产时,不能只是单纯地普及非物质文化遗产的概念、分类等基础的理论知识,而是要重点着眼于实践,让参与者能够切实感受到非物质文化遗产的魅力。在这一方面,已经有图书馆做出了可供学习借鉴的榜样。2016年6月,南京大学图书馆举办了非物质文化遗产进校园活动,馆内工作人员面向众多参加者展示了古籍修复技艺,参加者在赞叹之余,自身的古籍保护意识也在不知不觉中得到提升,并在校园内营造出了浓郁的古籍保护氛围。2018年年初,天津师范大学图书馆邀请了木版水印国家级非物质文化遗产传承人魏立中先生普及非物质文化遗产知识，作了以"十竹斋木版水印技艺传承与传播"为主题的讲座，令百余名听众受益匪浅，起到了颇为理想的宣传教育作用。香港科技大学图书馆也曾积极参与非物质文化遗产的宣传工作，将中国女红这一极具古典特色的非物质文化遗产项目展现在师生面前，无疑是大学图书馆宣传推广非物质文化遗产的画龙点睛之笔。除了开展非物质文化遗产进校园的活动以外，高校图书馆还可以把握节日契机，开展节日活动，引导广大学生提升对非物质文化遗产的关注度，并产生深切的了解与认识。

　　社会图书馆同样可以采取网络式、实践式以及教育式的非物质文化遗产宣传手段。首先，网络式的宣传手段是非物质文化遗产宣传的最佳选择，能够确保宣传工作快速而有效的完成。现如今，我国的网民数量众多，并且还在不断上升，互联网宣传范围之广可谓超乎想象。对于社会大众而言，互联网早已成为日常生活中不可分割的重要组成部分，每天都要通过互联网获取信息，这些信息大多是碎片化的，但内容极为丰富。从新闻浏览，到社会热点问题的关注，再到专业知识的获取，互联网在人们日常生活中扮演的角色的确十分关键。许多媒体机构也会通过网络渠道第一时间发布新闻内容。社会图书馆也要跟上互联网时代的发展潮流，充分利用各类非物质文化遗产网站和新闻媒体发布相关信息，拓展人们获取非物质文化遗产信息的渠道，也让更多的非物质文化

第三章 图书馆在非物质文化遗产保护和传播过程中的地位、职责和作用

遗产信息出现在大众视野中。社会图书馆也要积极同权威的新闻媒体以及非遗网站建立起长久的合作，加强各方之间的沟通交流，发挥各自的优势，共同做好非物质文化遗产的宣传工作。其次，社会图书馆可以借助讲座或交流会以及展出图片、相关影音等资料的形式开展非物质文化遗产的实践式宣传。其中讲座或交流会的开展，同样可以邀请非物质文化遗产的传承人或各领域的专家学者，在他们的主导下，介绍非遗、研究非遗、交流非遗。不过，在开展类似的活动时，要提前保证通知到位，让当地的读者了解到图书馆举办的非遗活动信息，并鼓励大家积极参与进来。为了提升参与者的积极性、为接下来更多活动的顺利开展奠定基础，图书馆可以为到场的参与者提供非物质文化遗产的周边纪念品。图片和相关影音资料的展示则可以利用图书馆的照片展示专区以及多功能展示厅。在展出过程中，要注意照片资料摆放的科学性，最好辅之以文字说明，从而让参观者能够清晰地了解到非物质文化遗产的各项信息，比如名称、地点、传承人等。视频资料的播放可以定期进行，并在每段视频前设置相应的预告，以达到良好的宣传效果。再次，有条件的社会图书馆还可以以教育式宣传的方式开展非物质文化遗产的宣传工作。当前，许多非物质文化遗产项目的传承人都步入老年阶段，亟待找到新的年轻传承人以完成非物质文化遗产的代际传承。许多冷门的非物质文化遗产与人们的日常生活相距较远，真正了解并且感兴趣的人也鲜有，很难找到合适可靠的传承人。由此导致这些非物质文化遗产极易走向

消亡，给人类社会带来不可估量的文化损失。青少年作为非物质文化遗产传承的主力军，是未来的希望，图书馆应本着"教育为主"的原则开展针对青少年的宣传教育活动。要培养青少年对非物质文化遗产的兴趣，多多围绕青少年举办相关活动，让他们切身感受多种多样的非物质文化遗产，在娱乐中了解非物质文化遗产，关注非物质文化遗产。当然，有关青少年的教育，单单依赖图书馆的力量是远远不够的，还需要家庭、学校以及社会各界的努力，引导青少年热爱中华民族的传统文化，发扬中华民族的传统文化。

第五节　交流与共享非物质文化遗产信息资源

在古代社会，图书馆藏书工作的落脚点在于"藏"；而在现代社会，图书馆藏书工作的落脚点在于"用"。知识的交流、信息的共享是现代图书馆存在的重要意义，同样，当图书馆从事于非物质文化遗产的保护工作时，也可以围绕非物质文化遗产发挥交流与共享的作用。图书馆可以将搜集来的非物质文化遗产资料编纂成书，提供给读者查阅、交流；也可以在展厅内陈列非物质文化遗产的图片资料，展示非遗工艺品，提供给参观者欣赏、评论；还可以播放一些非物质文化遗产的影音资料；另外，各大图书馆之间也可以定期举办交流会，共享各自的非物质文化遗产资源。

图书馆拥有着其他文化机构所不具备的信息资源优势，能够依托该优势建立起非物质文化遗产数据库，为后续的交流与共享

第三章 图书馆在非物质文化遗产保护和传播过程中的地位、职责和作用

提供前提条件。从非物质文化遗产资料的收集、整理，到非物质文化遗产项目的认定、研究，图书馆在整个过程中会积累大量的信息资源，而这些资源都可以经过加工投入到非物质文化遗产数据库的建设之中。除了在非物质文化遗产保护过程中积累的资源外，图书馆本身就具备与各类文献工作相关的丰富经验。由此可见，图书馆建立非物质文化遗产数据库并非难如登天，反而是颇具先天优势的一件事情。不过，图书馆在建立非物质文化遗产数据库时，还是要注意以下三方面的问题。

一是数据库资源的采集问题。通过调查研究发现，当前我国大多数图书馆采集数据库资源的手段无外乎三种：充分挖掘、整理图书馆经年积累的非物质文化遗产资源；从其他图书馆等文化机构或非遗传承人手中直接获取或出资购买非物质文化遗产资源；与其他图书馆等文化机构或非遗传承人合作共同开发非物质文化遗产资源。不论是采取何种数据库资源采集手段，图书馆在采集过程中都要完成非遗资源的初步分类工作，比如将文字、图片、影音等不同承载方式作为分类依据，从而为接下来的维护工作提供便利。与此同时，图书馆要注意尊重非遗资源持有方的各项权利，并主动予以保护。二是数据库资源的分类问题。优秀的数据库离不开科学精确的分类，图书馆自然不可以忽视这一点，而是要在众多分类方法中选择最适合当地非物质文化遗产资源的方法。在笔者看来，六分法就是很好的选择，不仅可以突出彰显不同非物质文化遗产项目的特征，还能够表现出完整统一的属性。比如关

于"文化空间"的分类，将非物质文化遗产的历史文化、所处地区的风土人情等涵盖在内，可以让人明确地了解到非物质文化遗产的产生背景，对后续的进一步保护而言也是颇为重要的。三是数据库资源的检索问题。图书馆在设置检索项时应尽量做到精细化，添加项目名称、项目内容、项目出处以及文化空间等多样化的描述方法，实现多字段的高级检索功能，为用户的检索提供便利，进而更好地推动非物质文化遗产信息资源的交流与共享。在完成非物质文化遗产的数据库建立后，图书馆在非遗交流与共享方面的工作只是完成了一部分，并非一劳永逸，未来还要根据时代进步、科技发展等及时更新，提高非遗数据库的使用率和利用率。

目前而言，我国所有的图书馆都具备固定的场所，不少图书馆还配置了展览厅，引进了展览从业人员。在非物质文化遗产抢救和保护中，最根本的还是在于提升人们对非物质文化遗产的保护意识，这样才能够实现非物质文化遗产的可持续传承。对于社会大众而言，他们对本民族文化的认同，必然是从对本民族文化的了解和认识开始的。而我国不少从事非遗保护的单位只具备非遗资料的收藏条件，缺乏将之展现给公众的场地，这显然阻碍了非物质文化遗产的共享和交流，不利于非物质文化遗产的传承和发扬。以2006年的"全国非物质文化遗产保护成果展"为例，该展览的地址为首都北京，但是由于主管部门和展示部门的脱节，导致不少参观者产生了许多疑问，无法理解为什么文化部是领导单位，但展示地点却设立在国家博物馆，展品与文化部、发展改革委员会等中央部委有什么样的渊源？因此，有条件的图书馆应当充分发挥自身附带的展示优势，将非物质文化遗产展示在大众面前，在一定程度上帮助当地相关单位解决缺少非遗展示场所的窘境，在节省人力、物力、财力的基础上，提高非遗资源共享和交流的效率。

事实上，除了具备共享和交流的场所以外，图书馆也拥有坚实的读者或观众基础，他们都是非遗资源共享和交流的重要对象。《保护非物质文化遗产公约》中对非遗抢救的目的进行了定位，即"让青年一代认识到非物质文化对于保持我国文化连续性的重要作用"，类似的观点和定位也出现在许多其他相关文件上。群众的了解、认同与自觉传承是非物质文化遗产保护的重要落脚点，非物质文化遗产的共享与交流自然也离不开广泛的群众基础。现代生活节奏越来越快，大多数非物质文化遗产都与人们的日常生活有所脱节，这也意味着加强公众与非遗之间的联系、让公众全面认识非遗是一件迫不及待的事情。人类社会在不断的发展和进步，非遗是智慧的结晶，在讲述着过去记忆的同时，内含着推动社会进步的力量。然而总体来看，我国非物质文化遗产的群众基础还是比较薄弱的，特别是基层群众，他们对非遗的了解更是欠缺。在群众方面，图书馆则拥有着显著优势，毕竟一直以来图书馆就致力于公共文化的宣传，公众也很乐意将自己的闲暇时光花费在图书馆中。在节假日期间，很多人都会选择到图书馆阅览文献，拓宽个人的见解与视野，在这部分人群中，不乏下至几岁的孩童，上至六七十岁的老年人。图书馆所展出的非物质文化遗产，再加上清晰生动的文字说明，能够有效地将非遗背后的信息传达给读者或观众，并与读者或观众相互感染，共同提升保护非物质文化遗产的意识。

虽然我国图书馆在非物质文化遗产信息资源的共享与交流方面已经做出了不错的成绩，但还有相当一部分图书馆受人力、物力、财力以及技术资源等因素的限制，难以顺利地开展相关工作。面对这些问题，图书馆同图书馆以及其他文化机构之间要建立起资源共享、技术共享的长效机制。通过彼此间的统筹协调，实现多方资源和技术的整合，提升非物质文化遗产的保护效率。当前，我国已经建立起了包含全国师范院校图书馆联盟等在内的众多图书馆联盟，有效帮助一些地方或高校图书馆解决了文献资源不足的问题，同时为非物质文化遗产的数字化保护提供了可靠支撑。越来越多的图书馆依托于联盟优势，结合自身实际情况，大力推进非物质文化遗产信息资源的共享与交流，为需要获取非物质文化遗产信息的社会公众提供了极大的便利。

在共享和交流非物质文化遗产信息资源时，图书馆还要注意遵循平等服务、以人为本以及特色化服务等基本原则。平等服务就是指图书馆应当面向所有的社会大众提供同等非物质文化遗产信息服务，最大限度地满足每一位用户对非物质文化遗产信息的需求。特别是基层图书馆，应当不断完善馆内的非物质文化遗产信息资源建设，本着平等服务的理念，为基层民众提供优良的非

第三章 图书馆在非物质文化遗产保护和传播过程中的地位、职责和作用

遗信息服务。以人为本就是指图书馆在共享和交流非物质文化遗产信息资源时要注重提供公益性服务，同时要了解用户的真实需求，提供符合需求的信息服务。特色化服务就是指图书馆应当充分挖掘当地的特色非遗信息资源，并向民众提供个性化、专业化的信息共享服务。

第六节 参与非遗专题知识库的组织

作为保存人类文明记录的地方，图书馆本就应当承担起保存光辉的地方历史文化的责任，整合散落民间的文献资源，充分发挥高超的信息组织能力，致力于非遗专题知识库的构建。图书馆学的研究命题众多，其中"知识集合"的研究与非物质文化遗产保护的关系较为密切。所谓知识集合，顾名思义，就是指运用科学的方式将知识元素按照一定的规律集结在一起，形成专门提供知识服务的人工集合。知识集合的存在意义主要表现在两方面：一是完成知识的保存；二是推进知识的传播。随着外在文化环境的变化，知识集合也会相应地产生变化以尽可能地适应。内在性、目的性、相关性以及增值性等都是知识集合的基本特性，并具备着存储知识、检索知识等基本功能。图书馆就是知识集合的重要形态之一，在非物质文化遗产专题知识的组织方面有着较强的指导意义。

非物质文化遗产知识元素与知识集合的关系和图书与图书馆

的关系有些类似。在非物质文化遗产专题知识资源的建设中，图书馆可以协助全面归集"知识元素"，形成具备整体性的非遗知识集合。非物质文化遗产本身具备的群众性、历史性、地域性、变异性以及传承性等特征决定了非物质文化遗产在时间的推移中可能会产生变异，这种变异也许是内容上的，也许是形式上的，但其核心部分不会就此消磨，文脉是将传承下去的。这就意味着非物质文化遗产带有一定的专题属性，具有内容、表达方式或功能的统一性。通过调查我国非物质文化遗产知识的存在现状可以发现，由于生存环境的改变或消失，许多诞生、发展于田野间的原生态活态知识也濒临消亡，只有一些文本资料零散保存于民间文献之中。我们在感慨、赞叹劳动人民创造历史的力量的同时，应清醒地认识到，想要将这些零散的历史文化汇集为专题知识，需要跨越的困难也是超乎想象的。在组织非物质文化遗产专题知识方面，图书馆具有特殊的知识与能力，倘若将其与超文本、信息系统、互联网等先进的技术手段结合起来，显然有助于提高非遗专题知识集合建设的可行性。非物质文化遗产专题知识库的建设与完善，在为传统文化提供有效载体的同时，还将为文化创新提供相应的文献支撑。在我国丰富的非物质文化遗产中，精华与糟粕同时存在，而图书馆在组织非遗专题知识时，就可以有意识地对具体的知识内容进行选择，但是对于糟粕的部分也不应完全摒弃，要采取恰当的方式记载下来。图书馆作为公共文化机构，一言一行都要围绕平等、自由的基本公共价值。在收藏知识成果

第三章 图书馆在非物质文化遗产保护和传播过程中的地位、职责和作用

的过程中，要秉持平等的态度，做到对非物质文化遗产客观知识的兼收并蓄。非物质文化遗产既然称为遗产，那么就是来自先人的宝贵记忆，我们应当原模原样、原汁原味地对其进行保存，为后续研究提供原生态的知识集合。在这个过程中，要明确的是，所有的传统文化都应当得到保护，但并非所有的传统文化都应竭力发扬。对于非物质文化遗产中的精华部分，要积极发扬，而糟粕部分则可以深度研究。

为人类提供知识服务是知识集合存在的重要意义，非遗专题知识是囊括了图书、文物、档案信息以及传承人记忆等元素在内的集合体，是一个庞大的知识库。图书馆能够参与相关非遗专题知识的组织，也将承担起这些知识的传播任务。只不过，与图书馆在传播其他文献知识时不同，非遗知识库中知识的传播要遵循合理性，也就是要充分考量非物质文化遗产千百年约定俗成的传承方式、生存空间等。

在非遗专题知识库的组织中，图书馆的重要作用主要发挥在知识库结构的规划与专题选材方面。前面已经提及，图书馆中汇集了各领域的专家、学者，他们经过多年的潜心钻研，早已经形成了对知识库结构的独到理解，能够达到把握乃至"驾驭"专题知识库的水平。图书馆在参与组织非遗专题知识库时，首要考量的就是元素与结构这两大基本要素。其中，元素就是单一的知识元素，而结构则是元素联系方式的综合。一个个元素有机结合构成了结构，结构的优劣直接决定着知识库可实现的功能。一般来说，

• 93 •

网状结构的非遗专题知识库是最为理想的选择,也就是每个非遗知识之间具备着密切的多对多关系,更具逻辑深度。当然,对于图书馆而言,在打造非遗专题知识库时,还要结合自身的实际资源情况,以确定合理的非遗知识库规模与层次。国家级图书馆可以组织宏大的非遗专题知识库,而地方级图书馆则可以挖掘本地文化信息资源,组织微观但富有特色的非遗专题知识库。图书馆除了为非遗专题知识库的建设提供专业学术支持和指导意见外,还要关注公众关心的一些事项和问题。特别是地方图书馆,还要将地方性知识纳入专题知识库的建设中。地方性知识往往与当地民众的日常生活密切相关,不论是民间口头传统,还是历史传说,都是当地社会知识的重要组成部分。这些知识通常不会存在于图书馆固化的文献之中,而是流传于人们的口耳之间,是流动的、活态的知识。对于这部分非遗知识,图书馆相关从业人员应与传承人面对面地交流传递,并进行原生态的记录。在后续的传播中,图书馆也可以邀请传承人到馆内与读者面对面地交流,重塑场景,以触动知识信息接收者们的心灵。

  近年来,图书馆的发展脚步逐步加快,取得了许多令人瞩目的成就。图书馆组织及传递信息、传播知识的功能均得以加强。许多非物质文化遗产组织都可以借鉴图书馆在非遗专题知识库建设中的经验与方法。当前,我国的非物质文化遗产管理水平还有较大的提升空间,大多数地方的非物质文化遗产管理有些混乱,亟待获得专业人员的科学指导。面对这一问题,相关政府部门已经开始行动,组织了力量调查、收集、抢救非物质文化遗产,并在实践中不断总结非物质文化遗产的管理理论和途径。而图书馆经过多年积累,早已形成了一整套成熟的知识组织方法,在文献校对等相关领域也是其他机构望尘莫及的。因此,非物质文化遗产组织在建设非遗专题知识库时,完全可以向图书馆寻求经验指导,具体涉及信息的组织、目录的编制等方方面面,将大大提高非物质文化遗产专题资源管理的有序化。

第七节 拓宽非遗保护路径并深化自身职能

非物质文化遗产的保护是一项极具复杂性的工作,只依靠单一机构的力量是难以良好完成的。在这一方面,我国《非物质文化遗产法》给出了相应规定:"图书馆、文化馆、博物馆、科技馆等公共文化机构和非物质文化遗产学术研究机构、保护机构以及利用财政性资金举办的文艺表演团体、演出场所经营单位等,应当根据各自业务范围,开展非物质文化遗产的整理、研究、学术交流和非物质文化遗产代表性项目的宣传、展示。"一些地方也出台了类似的政策法规,将非物质文化遗产的保护纳为多方协作的重大事项。多年来,我国在非物质文化遗产的保护中也投入了较多的人力、物力、财力,但这也无法避免资料丢失的问题产生。非物质文化遗产的保护过程格外漫长,在这一过程中会产生繁杂的资料,由于不同机构对文献资料的处理水平良莠不齐,导致许多珍贵的资料未能得以良好保存。中国艺术研究院就曾遭遇过该问题，由于当时的硬件设备和技术水平落后，收集并保存的近两万小时的非物质文化遗产影音资料险些付之一炬，变成无意义的资料碎片。由此可见，非物质文化遗产的保护如果仅仅注重资料的采集和理论的研究，对于保护的可持续而言是极为不利的。

图书馆储存着人类的知识与记忆，从古至今一直扮演着重要的公共文化服务机构的角色。信息时代的来临给社会各领域带来了翻天覆地的改变，各个图书馆中也引入了先进的信息技术，并可以将之应用于非物质文化遗产的保护之中。事实上，图书馆学本身就是多学科交叉，与档案学、语言学、逻辑学以及情报学等均有着紧密的关系，这恰恰也与非物质文化遗产的多学科属性相契合。通过对比我国不同的知识服务机构，可以找出图书馆具备的优势，即公共性、中介性更加突出，且能够更加得心应手地从事于文献资料的搜集、整理、收藏和共享工作。学者王云庆在《图书馆等文化事业机构保护非物质文化资产的措施》一文中总结了非物质文化遗产的保护步骤，主要包括确认、立档、研究、保存、保护、宣传、弘扬、传承以及振兴等，而这所有的步骤，都可以借助图书馆的力量。图书馆在文献的处理方面有着自身的经验，依托数字化技术可以弥补非物质文化遗产保护中资料生成、资料保存以及资料更新的许多空白点。图书馆具备强大的社会教育能力和学术研究能力，同时可以实现跨时间收藏，除了有助于非物质文化遗产的宣传和教育以外，还能够为非物质文化遗产的保护提供新思路，拓展新道路。与此同时，我们不能忽视了图书馆在拓展非物质文化遗产保护路径过程中可能遇到的困难，这些困难分布于非物质文化遗产保护的各个环节之中。一方面，在非物质文化遗产项目的确认、立档和研究环节，需要大量熟练掌握非物质文化遗产相关知识的专业人才，对于大多数图书馆而言，都需要专门去培养。另一方面，当前虽然大多数图书馆都不再局限于文献的静态处理和保存，但非物质文化遗产所依托载体的多样性也给图书馆的保护实践带来了诸多挑战。此外，从非物质文化遗产的内容角度出发，其内容并非单一不变，而是无穷无尽的，这就要求图书馆形成一套系统的、科学高效的处理模式。

1975年，关于图书馆职能的学术研讨会在法国里昂举行，会上就图书馆的四项职能达成共识，分别为保护人类文化遗产、开展社会教育、传递科学情报以及开发智力资源。图书馆参与非物质文化遗产的保护的过程，其实也是上述四大社会职能的深化过程。首先，就图书馆保护人类文化遗产的社会职能而言，我们可以围绕国内各省级图书馆的一些做法展开探讨。黑龙江省图书馆打造了以"龙江艺术精粹"为主题的非物质文化遗产数据库；云南省图书馆打造了"云南非物质文化遗产"的专题数据库；四川省图书馆打造了以"绵竹年画""藏羌文化"等为主题的多个非物质文化遗产数据库。这些图书馆在保护非物质文化遗产中的做法均表现了对自身保护人类文化遗产职能的深化。其次，就图书馆开展社会教育的社会职能而言，国家图书馆在2020年6月到7

月间推出了非物质文化遗产保护讲座月系列活动,包括黑龙江省图书馆在内的数家省级图书馆也曾多次举办针对非物质文化遗产项目的专题讲座,充分发挥了图书馆在弘扬中华优秀传统文化中的作用。再次,就图书馆传递科学情报的社会职能而言,有不少大学图书馆参与到了非物质文化遗产相关文献的收集、整理和记录中,比如嘉兴职业技术学院图书馆就曾协助当地相关部门展开了"蚕桑丝织"非物质文化遗产资源的收集整理工作,过程中还采取了田野调查的方式。泰州市图书馆则积极协助当地相关部门申报"泰州溱潼会船节"这一非物质文化遗产项目,提供了强有力的文献佐证。这些都彰显了图书馆在保护非物质文化遗产过程中自身传递科学情报社会职能的深化。最后,就图书馆开发智力资源的社会职能而言,郑州市图书馆曾围绕朱仙镇木版年画开设专题讲坛,广州市图书馆也曾围绕"文字传承"主题开设展览,有相关做法的图书馆还有很多,它们都不局限在非物质文化遗产的宣传保护上,而是积极向实践保护开拓,旨在切实提升社会大众对非物质文化遗产的了解程度,并推动非物质文化遗产经济效益、社会效益的产生与发展。显然,这些做法中均潜藏着图书馆智力资源开发职能的深化。

  非物质文化遗产的保护有助于推动文化自觉,而图书馆肩负着保护非物质文化遗产的责任,其保护行为具有不可替代的理论意义与现实意义。当然,图书馆参与非物质文化遗产的保护,并不代表图书馆的基本职能发生了改变,而是其职能的增多和服务方式的转变。我国的图书馆数量庞大,每个地区、每所高等院校都至少拥有一座图书馆,倘若每个图书馆都能够在非物质文化遗产的保护上贡献一份力量,对于我国非物质文化遗产的保护大业而言显然有着不可估量的积极意义。图书馆对当地非物质文化遗产的保护,其实也是对民族文化多样性的保护,在实现自身职能延伸与拓展的同时,丰富了馆内文献内容,并满足更多社会大众的精神需求。我国的各大图书馆都应当响应非物质文化遗产的保护号召,主动投身于这项神圣而伟大的事业中来,为中华民族文化的发扬光大贡献力量。

第四章　数字时代图书馆功能的再定位

第一节　数字时代概述

1. 什么是数字时代？

MBA 智库·百科中将数字时代定义为一个越来越趋向于数字形式的信息存在方式，以信息技术为运作规则。之所以称为数字时代，是因为机器语言都是以 0 和 1 等数字为代表。换言之，数字时代其实就是电子信息时代。20 世纪 90 年代，"数字化"的使用频率开始逐步提升，数字技术也得到了迅猛发展，人们的生活中出现了越来越多样化的数字设备。从某种意义上讲，我国数字化的进程是从电视系统开始的，变化最先出现在电视节目制作、播出以及传输方面，应用了数字化技术的电视节目质量更好，制作和播出手段也更加便捷。20 世纪末，数字电视技术开始了系统化的发展，降低了节目的播出成本，提升了传输效率。可以说，在那个年代，数字技术的发展和普及引发了电视领域的一场革命。

在欧美及其他发达国家，将数字时代的起始时间界定为 1969 年；在我国，则将数字时代的起始时间界定为 1984 年。由此可见，

第四章 数字时代图书馆功能的再定位

我国数字时代的起步较晚，但发展速度并不缓慢，短短几十年就取得了举世瞩目的成就。伴随着计算机的出现和互联网的普及，社会受数字化的影响越来越明显，到现在，我们每天都要面对海量的数据，数据已经改变了我们的生活方式和思维习惯。数据本身就是信息，更是一种工具。但是身处数字时代的我们，不能凡事都以数据为丈量，而是要以一种正确的态度面对数据。数据无处不在，所发挥的作用也非常多。不论是钟表上的时间、天气预报中的温度，还是汽车行驶的数据，这些都普遍存在于我们的日常生活之中。社会的各个领域乃至整个世界，都因数字时代的到来而发生了翻天覆地的变化，大数据应运而生。人类记录世界、认知世界的方法在改变，但记录的内容都是可供存储、交流、共享的信息。数字时代的到来意味着我们迎来了一个同数据打交道的全新纪元，数据成了珍贵的资源。

如今，数字化技术已经全面渗透到社会各个领域，在为人们的生活提供便利之余，更推动了世界经济的增长。为了抢占数字时代的高地，每个国家都在积极推动数字化转型，制定了一系列的数字化发展战略。传统产业与数字技术的融合已是大势所趋，未来所有的行业发展都将离不开数字技术。数字时代所创造出来的全新的虚拟空间，正依托无尽的想象力重塑着社会大众的生物感知。数字时代也加强了人与人之间乃至国与国之间的相互依赖性，一切都可以跨越文化障碍、地理障碍联结在一起。当然，部分人群的边缘性问题也随之而来，而这有待于数字时代包容性的增强，让残疾人、老年人等特殊人群都能够享受数字时代带来的方便与快捷。

2. 数字时代的新产业

（1）网络链接世界

网络的发展突出表现在移动通信的升级上，从1983年的1G到如今的5G，移动通信的发展可谓日新月异。第一代移动电话处于1G时代，起步于1983年，很多90后口中经常提及但从未见过的"大哥大"就是这个时代的产物。紧接着，数字式的第二代移动电话顺利诞生，所应用的是广为人知的GSM系统，这也意味着2G时代的到来。2G时代，除了正常的通话以外，人们更喜欢通过短信来沟通交流，电信公司的短信收入也水涨船高。2007年，3G率先在国外产生，我国则于次年成功开发出了3G技术，宽带上网是其重要功能之一；与此同时，智能手机开始崛起，用户可以通过手机下载影音资料，享受更加快速的多媒体服务。4G技术是近几年的产物，推动了智能手机应用的爆发式普及，人们也陷入了没有手机就寸步难行的状态，人与人之间达到真正的互联。2019年10月30日，移动、联通和电信三大运营商公布5G商用套餐，并于11月1日正式上线，这一年大概可以称得上5G技术娱乐应用的元年，而5G时代显然已经来临。关于5G时代，社会各界都有各自不同的畅想，归结起来就一个字——快，在5G时代，理想状态下1部高清电影大片只需要几秒钟的时间就可以下载完毕。

第四章 数字时代图书馆功能的再定位

2020年9月15日，5G创新发展高峰论坛在重庆举行。作为当前大热的话题，5G的发展将更好地造福于百姓，而我们将享受到更好的数字化体验。5G是数字时代的刚需，各行各业的数字化、智能化均需要依托5G技术，以华为公司为例，从2009年就开始致力于5G的研究与开发，并跟上了数字时代发展的脚步。

除了移动通信以外，在数字产业中发展最快的当属互联网。目前，我国拥有数量庞大的网民，互联网网站遍地开花，互联网应用更是愈发多元化。无线搜索是早年间互联网搜索技术与移动通信技术有机结合的产物，现如今，该技术已经相当成熟，只要拥有一部手机或其他智能设备，人们就能随时随地地获取自己需要的信息。与此同时，无线网游快速崛起，人们不再沉浸于过往的单机版游戏中，而是迈入了网络游戏时代。腾讯开发的"和平精英""王者荣耀"等网络手游受到了广大年轻人的欢迎，众多网游玩家开始转战手游，在移动中尽情休闲、娱乐。人们表达自我的平台也越来越多，从博客到微博再到朋友圈，个人生活的展现、个性思想的表达都拥有了自由便捷的网络平台以交流共享。数字时代还有一个重要节点，即网络电视（基于宽带高速IP网电视）的诞生，它预示着一个新媒体时代的到来。与传统电视不同，网络电视不受时间、环境的限制，实现了智能化的分享，节目内容也更加多样化，用户体验极佳。

人工智能呼啸而来

1956年，人工智能这一术语首次提出，英文译为Artificial Intelligence，缩写为AI。作为一门全新的技术科学，人工智能研究和开发的目标在于模拟人的智能、延伸人的智能、扩展人的智能，具体内容涵盖理论、方法、技术以及应用系统等多方面。2016年3月，由谷歌旗下的DeepMind公司戴密斯·哈萨比斯领衔的团队开发出的阿尔法围棋战胜了围棋世界冠军李世石；2017年5月27日，阿尔法围棋再度战胜世界围棋冠军柯洁。这些标志性事件后，人工智能迅速引起了社会各界的关注。当前，人工智能技术已经成为科技研究的热点领域，各个国家也纷纷制定人工智能发展战略，我们迎来了全新的人工智能时代。

芯片、移动通信、存储器、大数据以及光纤等底层技术的突破是人工智能得以发展的重要前提条件。近年来，移动通信速率、光纤通信容量、超算能力以及数据容量等均大幅提升，为人工智能技术的飞跃式进步奠定了坚实的基础。基于大数据、算力和算法技术的人工智能，已经在多个方面表现出了超越人类的优势。一方面，语音识别准确率不断提高，许多专业速记员都难以达到相应水平；另一方面，人脸识别的准确率也提升至近99%，并逐步在各个领域普及应用。人工智能可以独立完成的事情越来越多，能够代替的人类职能也越来越多。科学技术的研究甚至都可以经由人工智能，比如蛋白质3D结构的预测，元素周期表的重建，等等。2018年以来，人工智能在各个领域的渗透越来越强大，工业、农业、医疗、交通以及金融等均有所涉及，为全球各国提供了新的经济发展引擎。

面对人工智能技术的辉煌成就，很多人都产生了人工智能无所不能的感觉，它可以代替人类完成各项工作，也将促使大批的人失去现有工作。甚至还有人认为，随着人工智能的发展，人类将被完全替代，并受到人工智能的统治。事实上，如今的人工智能技术水平还有很大的拓展空间，还存在较多亟待弥补的短板。与人类的大脑相比，人工智能在许多方面都难以超越，并且已经暴露出抗噪性差、数据需求量大以及能耗高等不足之处。当然，这也难以阻挡人工智能成为世界各国竞争焦点的趋势。各个国家的政府部门、科技巨头、投资企业等都将很大一部分精力放在了人工智能领域，期望能够赶上人工智能时代的快车，以谋求新发展。但与此同时，社会各界应当正确看待人工智能，明确人工智能产业的核心技术，充分考量在人工智能领域的投入产出，知己知彼方能百战不殆。

2018年10月31日，习近平总书记在中央政治局集体学习会议上指出："人工智能是新一轮科技革命和产业变革的重要驱动力量，加快发展新一代人工智能是事关我国能否抓住新一轮科技革命和产业变革的重要驱动力量。"在未来，人工智能带来的可能性是无限的，对自然科学、对经济、对社会都将带来更加深刻的影响。

（2）机器人越来越常见

伴随着数字化的快速发展以及云计算、大数据等技术的高端化，物联网逐步兴起，机器人也迎来了全新的发展阶段。一个国家的科技创新能力和高端制造业水平很大程度上体现在机器人的研发、制造和应用上。在国际上，机器人产业愈发蓬勃，在制造业革命中扮演着极其重要的角色。纵观全球，新一轮科技革命和产业变革正如火如荼，制造模式也将随之而产生翻天覆地的变革。许多发达国家已经开始行动，纷纷制定了一系列的战略以顺应制造产业全新的发展趋势。我国是制造业大国，但是以初级制造为主，生产出来的产品附加值普遍偏低，制造模式亟待转型升级。而工业机器人的应用，恰恰为中国制造的转型升级提供了有效路径。

除了工业机器人以外，服务机器人也开始广泛出现在人们的日常生活中。在许多公共场所，都能够看到服务机器人的影子，为人们提供了极大的便利。总体来看，服务机器人可以解决的问题有很多，比如在家庭中帮助老年人完成一些事情，以应对高龄化社会带来的诸多问题，可以替代人类完成一些简单的工作，应对劳动力下降的问题，还可以为人们提供保卫服务，助力安全社会、和谐社会的构建。由此可见，从医疗康复领域，到居民养老领域，再到公共社会服务领域，未来处处均可受益于非物质文化遗产。比尔·盖茨曾撰文指出机器人会和电脑一样，成为人人可以负担得起的产品，并在全社会范围内普及应用。当前，家庭中常见的服务机器人主要是清洁机器人，一些高级酒店中也出现了可完成简单服务指令的机器人。

显而易见，机器人的研发、制造并非依赖单一的信息技术，而是物联网、云计算、大数据等新技术的深度融合，由此实现真正的数字化智能。具体而言，物联网技术的应用，促使机器人系统能够实时了解周围的环境信息和自身的运行状态，机器人管理者可以据此勘查机器人是否出现故障、出现了何种故障，进而及时维护；云数据技术的应用，促使机器人能够自主、高效地做出判断和决策；云计算技术的应用，促使单个机器人可以向其他机器人学习知识、共享知识。机器人的发展，除了为人们的生产生活带来前所未有的便利外，也带来了可观的经济效益。根据麦肯锡咨询公司的预测，到2025年，在制造行业、服务行业以及医疗行业等领域，机器人将有可能创造近5万亿美元的产值。面对如此巨大的市场规模，很多投资巨头都将关注点放在了机器人产业，并大力注资，力求在机器人产业领域占据一席之地。

（3）新材料产业蓬勃发展

新材料关键在"新"，与传统材料相比，性能有所提高或者具备新功能。一方面，新材料为国民经济的发展提供了强大支撑；另一方面，新材料也为其他高科技产业的进步奠定了坚实的物质基础。新材料的出现和推广对于产业的变革而言意义非凡，比如照明领域的变革源于白光发光二极管的诞生；显示领域的革命源于液晶屏的诞生。近年来，我国的新材料产业迅猛发展，技术水平和整体规模均得以大幅度提升，彰显着我国越来越强大的自主创新能力。对于企业而言，应当紧紧把握住高科技产业飞速发展的机遇，继续增强自主创新能力，围绕节能环保的新目标，加大对核心关键材料的研发力度。

从全球角度来看，新材料产业的发展主要呈现出四大特征及趋势。一是伴随着高新技术的发展，材料的更新换代速度也逐步加快。高新技术与新材料之间存在着相互促进的关系，高新技术的发展产生了更多更新的材料需求，而材料的更新迭代又推动了高新技术向生产力的转化。比如硅材料的充分应用，极大地降低了微电子芯片的制造成本，同时提高了其信息处理速度。与此同时，新材料产业的发展还催生了众多新型产业，比如半导体照明产业、新能源产业等。二是绿色、低碳、环保成了新材料发展的主要趋势之一，具体表现在新能源产业的崛起。在许多发达国家，节能建筑和光伏发电建筑的建设及推广已经纳入法律条文中。当前，材料性能的提升开始朝着智能化、模块集成化以及微型化的方向发展，纳米技术已经广泛应用于制造业中，并产生了更加智能化、更具集成度的产品。在未来，新材料技术不再单纯地追求经济效益，而是更加重视环保、节能，以绿色发展方向为指引。三是在新材料产业中，跨国集团的力量仍旧不可小觑。跨国集团往往拥有着雄厚的资金支撑和强大的技术研发能力，在高附加值新材料产品的研发和制造方面具备其他企业或机构望尘莫及的优势，因此长时间在新材料领域占据着主导地位。四是世界各国都开始重视新材料研发模式的变革，以尽可能地缩短新材料从研发到推广应用的时间。2011年，美国就启动了"材料基因组计划"，降低了新材料的研发和应用成本，更提升了新材料的研发和应用速度。

数字时代，新材料产业拥有着广阔的发展前景，我国应当不断加强顶层设计，完善新材料产业政策，与此同时要发挥市场的资源配置作用，建设以企业为主体的发展体系。此外，还要注重新材料产业专业人才的培养，实施创新人才发展战略。

3. 数字时代的特征与影响

数字时代的变革颠覆了人们的生活方式，其特征主要表现为以下八个方面。

一是所有的产品都在不断地更新迭代。一款产品的升级，势必会对同行业相关产品的生存空间产生影响，并根据实际情况做出调整。我们以从微信到抖音短视频的升级为例，微信更多的是以"文字+图片"、"文字+视频"、纯声音为输出展现方式，而抖音则实现了文字、声音以及视频的融合，给人们带来了视觉和听觉的双重感官享受。在以往，全新的企业想要达到更高的水平，往往经过相当长一段时间的磨炼；而在数字时代，只需要借助新技术的力量，就可以追赶上前沿水平。

二是不论是效率的提升还是模式的创新，都是以数据为中心展开的，一切都正在转换为数据。数据是最基本的单元，无数条数据组成各行各业、各群体组织乃至个人所需要的信息，海量的信息组成知识，无穷无尽的知识最终汇聚成智慧，可谓层层递进。数据作为整个递进过程的起点，其重要性不言而喻。以物流行业为例，在古代，书信等物品的传递只能依赖快马，且途中存在较多的不确定性。发展到现代早期，传统的物流业配送时效相对较久。伴随着大数据技术的发展，物流企业可以依托信息平台实现车辆、人员的高效调度，极大地缩短了配送时效，并能够承诺送达时间，极大地提升了服务质量。可以说，数字时代的到来，推动着整个物流行业的全新变革。在以往，企业的创新往往聚焦于商业模式的创新，比如阿里巴巴；如今，对于众多企业而言，当拥有充分的数据时，完全可以依托新技术提升效率以达到创新目标，比如"互联网+"。以出版业为例，传统出版社已经在很大程度上受到了数字出版和音频出版的冲击。而数字出版和音频出版之所以在短时间内占据了广阔的市场，根本原因在于改变了效率、改变了成本结构。商业模式的创新往往要面对千难万险，而效率的提升却相对简单，而所有因素向数据的转换恰恰为效率的提升提供了前所未有的机遇。

三是当前绝大多数的创新都归属于重组创新。比如微信其实就是在腾讯QQ的基础之上发展而来的，将社交、支付等有机集合，功能越来越强大。类似的案例还有支付宝、滴滴打车等，这些应用并非全新的产品，都是在已有事物之上的重组创新。因此，在数字时代，创业团队或企业应转变思维，学会整合现有资源，在此基础上推陈出新。

四是企业的发展更有赖于深度互动与深度学习的了解。从虚拟现实技术到人工智能技术再到"云"技术，它们均与深度互动和深度学习有着密切的关系。当企业能够将上述技术与自己所在的行业有机结合重组时，就可以有效地把握住新机会。

五是以协同为核心，而并非分享，这是因为协作才是分享背后的根本逻辑。以备受关注的区块链为例，协同是区块链最主要的底层技术逻辑，其普及应用将改变许多行业规则。现代社会，信息技术水平已经达到了较高水平，促使大规模的合作与协同成为可能。

六是连接的重要性要高于拥有。特别是对于企业而言，拥有多少资源并不重要，而能够整合多少资源、能够与多少拥有资源的人有效连接变得愈发重要。只有集合起更多的智慧，才能够创造出无可替代的价值。

七是行业的颠覆往往源自外部。比如支付宝的出现颠覆了银行业的逻辑，手机的出现颠覆了相机行业的逻辑，特斯拉的出现颠覆了汽车行业的逻辑，无线网络的出现颠覆了电信行业的逻辑。在很多情况下，不少企业忽视了外部那些微小的变化，而恰恰是那些微小的变化在整个行业内翻起滔天巨浪，甚至会迭代整个行业。

八是机器智能将取代可量化、可衡量、可程序化的工作。机器智能最突出的优势就是可以按照一定的程序标准重复地完成某项工作，并且出错概率极低。海尔智能互联工厂就是一个典型的实例，真正做到了互联网工业将用户的个性化需求与智能制造相结合的本质变革。

数字时代也给人们的生产生活带来了颇为深远的影响，已经渗透到各个层面，推动着人们通信需求、信息需求的转变。换言之，数字时代的影响主要表现在人们需求的转变上面。首先，人们的需求变得多样化。数字化技术的应用，促使信息的交互传输变得愈发简单，效率也很高。依托开放的宽带互联网，人们可以突破时间、地域的限制自由交流，沟通的信息除了文字图片以外，还有音频、视频等多元化的方式。与此同时，人们需求的多样化还表现在对娱乐信息、商业信息等各类信息的需求方面。而文字图片、音频、视频等每种信息传递方式只能够满足一部分用户的需求，每个人都有自己独特的通信和信息需求。其次，人们的需求更加综合化。在以往，受技术条件的限制，人们的需求也比较单一。以手机行业为例，最初人们使用手机只是为了可以满足通话需求，而伴随着数字时代的到来，人们对手机的需求不再局限于通话，而是衍生出拍照、摄像、多种类型的信息传输等综合性的需求。越来越多的人希望能够在同一时间内享受综合性的信息产品，比如对旅游信息产品的需求，不仅包括旅游景区门票的预订，还包含旅游路线的了解、周边住宿餐饮的了解等。再次，人们的需求更具个性化。在数字时代，人们更渴望得到定制化、个性化的信息服务，以满足自身的特殊需求。

在数字时代，数字化应用遍布人们生产生活的每个角落，推动着社会的转型变革。数字时代改变了我们的生活，也改变并充实着人类文化，在未来数字世界将继续扩张，带来更加便捷高效的逻辑秩序。

第二节 国内外对图书馆功能定位的基本观点

在我国，一直以来都将图书馆作为社会主义公共文化服务体系的重要组成部分，所以很多专家学者都从公共文化服务场所的角度出发，对图书馆的功能进行了定位。学者柯平的研究是围绕省级图书馆展开的，指出省级图书馆主要具备着核心功能、重要功能、潜在功能以及发展功能等四个方面的功能。其中，核心功能为社会再教育提供基本信息服务；重要功能为文化中心和休闲娱乐；潜在功能为社区中心；发展功能为展示科研成果。柯平认为不同地域、不同类型的图书馆，定位方式也有所不同，应当具体情况具体分析。学者戴广珠也研究了我国省级图书馆的功能，并将其功能定位为五个方面，即面向公众的再教育功能；最新文献及科研成果的展示功能；休闲娱乐功能；先进知识的传播功能；学习、阅读场所的提供功能。学者刘萍则认为公共图书馆起码应当具备六个方面的功能，即面向社会大众的终身教育功能；提供信息服务的功能；文学中心功能；阅读服务功能；促进社会和谐发展的功能；各地区中心图书馆的功能。总体来看，社会教育功能、阅读服务功能以及信息服务功能是我国学界公认的图书馆应具备的基本功能。

另一方面，我国也有学者基于第三空间概念，对图书馆的功能进行了重新定位，将信息共享空间、文化交流空间以及学习教育空间的功能囊括在内。还有学者认为图书馆应当形成可持续发展的理念，并基于该理念发挥教育功能、社会功能以及文化功能，其中教育功能是指为社会大众提供学习场所和学习资源；社会功能是指为服务范围内的人群提供信息资源、满足信息咨询需求的功能；文化功能就是保护并保存地区文化遗产的功能。总而言之，在我国，各类图书馆都应具备文献保存、知识传播以及服务提供等基本功能，而后根据图书馆类型的不同、地域的不同又衍生出不同的一些功能。

20 世纪 80 年代，美国就对图书馆的功能进行了定位，主要包括八个方面的内容，即八大中心区。在美国，不少学者强调了图书馆应遵循的平等原则，也就是所有人到图书馆都应当享受到同等的对待、相同的服务。美国作为一个移民国家，图书馆还附带着移民语音、移民文化等的教育培训工作，帮助移民尽快适应美国生活，良好地融入当地。就目前而言，美国图书馆的普及程度还是相对较高的，绝大多数国民都拥有图书借阅证，且造访图书馆的次数要比去电影院看电影、参加体育赛事的次数多出许多。由此可见，美国图书馆在民众群体中是非常受欢迎的，而这与美国图书馆的一些免费政策息息相关。以印第安纳州为例，该州将图书馆的愿景定位为引起变化，改变生活，折射出图书馆期望能够给人们提供探索世界、改变未来的环境氛围。英国对图书馆的功能定位则有所不同，将其看作重要的公共设施，并从该角度出发进行了定位，主要包括为社区公众提供阅读场所、提供最新研究成果及相关信息资源的获取途径以及提供文化、社会沙龙活动的举办场所等功能。图书馆的重要使命在于提高所服务社区大众的信息吸收率，提升所服务社会公众的文化素养。1994年，联合国教科文组织也对图书馆的功能进行了定位，其中以信息服务中心为主，辅之以普及教育、宣扬文化等功能。

对于普通大众而言，想要在现实世界获取文化信息，图书馆是最为基础的单位。而伴随着数字时代的到来，图书馆在资源建设、服务方式以及读者隐私保护等诸多方面都产生了变化，因此图书馆的文化功能定位也将有所转变。图书馆理应顺应数字时代的大趋势，调整各项功能定位，从而为社会公众提供更加优质的服务。

第三节 数字时代图书馆功能再定位的必要性及依据

1. 数字时代图书馆功能再定位的必要性

在探讨数字时代图书馆功能再定位的必要性之前，我们要先充分了解传统图书馆的不足之处，由此才能够更深刻地感受到图书馆创新变革的紧迫性和重要性。现如今，很多传统图书馆已经暴露出诸多不足之处，具体主要表现在以下四个方面。

一是传统图书馆馆藏不充足，且存在着地区发展不平衡的问题。改革开放以来，我国的图书馆建设事业迅猛发展，在查阅《2019

年文化和旅游发展统计公报》后得知，截至2019年年末，我国共有3 196个公共图书馆，该数据还未将农家书屋等"村镇图书馆"以及高校图书馆等涵盖进去。如此之多的图书馆，的确为人们知识的获取提供了颇为便捷的途径。但是我国人口众多，将3 196个图书馆平均给全国人民，每个图书馆要服务近50万人口，该数据显然非常夸张。由此可见，虽然当前已经取得了不错的成就，但我国的图书馆事业仍旧有很长的一段路要走。与此同时，我国现有的3 196个公共图书馆的分布也极度不均衡，这种不均衡主要是指地理位置的不均衡。总体来看，我国的公共图书馆呈现出南多北少、东多西少的分布特征，恰恰与地区经济发展状况不谋而合。另外，图书馆分布的不均衡还表现在城市集中、农村稀少，不少农村地区甚至是处于空白状态。

二是图书馆新书等采购更新的周期偏长。当前，地理区域是图书馆设立范围的主要依据，所服务的对象是某一范围内所有的人群，服务对象的职业不同、受教育水平不同、年龄阶段差距也较大，由此决定了图书馆服务对象阅读偏好的多样化。为了满足公众对书籍的多元化需求，图书馆有必要定期更新藏书，但受时间、经费等诸多因素的影响，很多图书馆的书籍都不具备时效性，自然很难具备新颖性。在这种情况下，读者们更倾向于通过网络渠道获取最新的信息资源，直接导致了图书馆社会地位的降低。通过实地调查得知，很多图书馆从图书的选择、决策、采购到图书的顺利上架，短则需要十几天，长则需要几个月，书籍资源更新相对滞后。

三是传统图书馆的建筑设施比较落后，资源利用率偏低。我国大多数传统图书馆建筑都是早年间建成的，馆体设计在当时的确能够满足相应的需求，但已然无法达到现代社会的要求。虽然人们现在已经可以选择数字图书馆、移动图书馆等来获取需要的信息资源，但是传统图书馆所提供的阅读方式是不可被完全取代的。只是那些老旧的馆社影响了读者的阅读体验，对图书的保存也不利。长此以往，自然会打击周围的人群到图书馆汲取知识的热情。与此同时，许多图书馆为弱势群体引进的设备以及跟随数字时代脚步引进的数字化设备都没有得到充分利用，出现这种现象，一方面是由于设备使用流程过于烦琐，另一方面则是由于设备功能设置不全面。

四是一些图书馆极度缺乏具备综合素质的专业人才，且其中不少从业人员缺乏主动服务的意识。与国外发达国家相比，我国图书馆专业人才的培养起步较晚，很多图书馆中馆员专业知识薄弱，主动服务意识也不强。具备综合素质的人才的缺乏导致图书馆创新动力的不足，而服务意识的不佳对读者的体验产生了不利影响。

我们已经进入了信息大爆炸的数字时代，面对在运营过程中暴露出的问题，传统图书馆有必要在充分考量社会需求的基础上做出创新变革。从哲学的角度讲，事物都是处在发展变化之中的，唯一的"不变"就是"变"，图书馆也是一样。数字时代的发展从未停止脚步反而速度越来越快,当前已经席卷各行各业,并成为各地区政府部门的重要战略部署点。为了推动数字化技术水平的进一步提升和普及应用,我国中央政府也出台了一系列的政府法规,为数字化技术的研发与应用提供了诸多有力措施。在此背景下,各大图书馆也应当顺势而为,跟随数字时代的发展方向,依托先进的数字化技术,对自身的各项功能进行重新定位,以满足人们更加多元化的知识需求,并为我国智慧城市的建设贡献自己的力量。

从国家的宏观层面出发,图书馆在文化知识普及的过程中发挥着不可替代的重要作用,不仅有助于国民整体文化素养的提升,对于我国文化软实力的提升而言也格外关键。近年来,"知识经济"成为热词,以逻辑思维为代表的互联网时代知识服务公司在短时间内引发了知识付费的热潮,极大地带动了知识经济的发展。在知识经济主导的时代,对于每个国家而言,单单在国民生产总值这一指标上占据优势已经不再如以往那般值得骄傲,囊括文化在内的综合实力的强大才是真正的强大。人才、科学技术、文化软实力、知识经济的概念正在全社会范围内渗透,国家的强大由此体现在经济、政治、军事、外交以及文化等综合方面。社会的变化速度快到超乎我们的想象,图书馆能否跟上数字时代的步伐,重新对自身的功能进行科学审视和合理定位,直接关系着我国文化软实力的提升水平、关系着文化的传播情况。社会的进步离不开旧秩序的打破,图书馆也应当主动打破旧秩序乘上数字时代的快车，对各项功能进行重新定位。只有如此，才能够更好地满足人们的多元化、综合化、个性化的信息需求，才能够切实突破创新，才能够更好地传播中华传统文化，促进中华传统文化的繁荣。

2. 数字时代图书馆功能再定位的依据

数字时代图书馆功能再定位的依据主要体现在五个方面，分别为图书馆的评估标准、我国的相关政策、图书馆功能的演变过程、物联网技术的发展和应用以及我国智慧城市建设脚步的加快。

首先，图书馆的改革创新在很大程度上会受到评估标准的影响。当工作进展了一段时间，需要一套完善的评估体系对经验进行总结，以更好地开展下一步的工作。对于图书馆而言，也需要在评估体系的指引下，找到新阶段的努力方向和目标。随着社会的进步，针对图书馆的评估标准也在不断补充完善，有些不适合新时代的内容被删掉，而为了解决一些无章可循的情况又会新增相应的内容，由此推动图书馆的改革创新。在国际上，通常将图书馆划分为国家图书馆、高等院校图书馆、公共图书馆、专门图书馆、学校图书馆以及其他主要的非专门图书馆等六大类；倘若以地域作为划分依据，我国的公共图书馆又可分为国家图书馆、省级图书馆、市级图书馆以及县级图书馆等。图书馆的类型不同，评估标准也有所不同。以公共图书馆为例，所属的地域区划级别不同，评估标准自然存在着差异。图书馆评估标准设定的根本原则在于帮助图书馆实现功能的最大化，具体则涉及图书馆各类资源充分、高效的整合，读者服务的个性化和全面化以及青少年读者信息素养的培养。为了保障图书馆评估标准的良好确立，我国也出台了一些法律政策，在提供指导意见的同时起到一定的约束作用。比如2015年1月14日由中共中央办公厅、国务院办公厅印发、中国政府网公布的《关于加快构建现代公共文化服务体系的意见》，其中就评估内容、评估方法、评估指标等给出了明确的意见。

就公共图书馆而言，我国自1994年起，就以四年为时间间隔，围绕国家出台的评估标准，定期展开针对县级以上图书馆的评估定级。每一次的评估都会产生一定的变化，不论是评估的体系框架，还是评估的具体指标均顺应了时代发展的潮流。图书馆在不同阶段的定位都可以在评估指标内容中找到。由此可见，数字时代，图书馆在进行自身功能的再定位时，也要注重以国家评估标准为依据，创新功能定位。

其次，我国出台了许多与图书馆功能定位相关的政策。保存、共享文献纸质资源是图书馆应完成的重要任务，该任务对于浩瀚知识的继承而言无比重要。从古至今，图书馆的藏书行为不断完善和进步，最初的优化主要是围绕防潮与防虫，早在古代就提出了一些有效的措施。图书馆中藏有大量的纸质资源，其安全性长期备受关注。现代社会，图书馆的内部管理愈发成熟，防虫、防潮已经不存在困难。20世纪90年代，我国针对图书馆的安全建设问题出台了相应的政策依据，在防虫、防潮之外又增加了一项防火。

第四章 数字时代图书馆功能的再定位

21世纪以来，我国对农村基层文化建设的重视度大大提升，由此推出了众多推动农村基层文化建设的文化政策，"村镇图书馆"的打造提上日程并快速落地。所谓"村镇图书馆"，主要是以农村书屋、文化室等形式出现的，当前这些村镇图书馆又引入了数字化设施，极大提高了农村文化体系的信息化水平。

2006年，中共中央办公厅、国务院办公厅印发了《2006—2020年国家信息化发展战略》，其中描述了我国信息化发展的基本形势，并就图书馆需要具备的功能做了明确阐述。同年，《中国残疾人事业"十一五"发展纲要（2006年—2010年）》制定并出台，其中也涉及图书馆应具备的功能内容。将上述两个文件综合起来看，在2006年这一个时间节点，国家层面对图书馆功能的定位主要包括信息技能教育功能、信息技能培训功能、配备弱势群体服务设施，以践行平等的服务原则。2008年11月1日，《公共图书馆建设标准》开始施行，同年施行的还有《公共图书馆建设用地指标》，这两个文件主要阐述了建设公共图书馆应当遵循的一些步骤和应当配备的基本设施。具体则涵盖了选址、用地、建设面积、内部布局、服务方式、服务地域等软硬件相关内容，旨在全方位地保障读者的体验感。2016年12月25日，第十二届全国人民代表大会常务委员会第二十五次会议通过了《中华人民共和国公共文化服务保障法》，并于2017年3月1日起正式施行。作为我国公共文化服务领域的基本法，《公共文化服务保障法》促使图书馆公共文化服务的开展有章可循、有法可依。2017年11

月 4 日，第十二届全国人民代表大会常务委员会第三十次会议通过了《中华人民共和国公共图书馆法》，并于 2018 年 1 月 1 日起正式施行。将图书报刊、音像制品、缩微制品、数字资源等文献信息的收集、整理、保存纳入了规定内容之中。该法案的颁布和实施，为我国公共图书馆的长远发展奠定了坚实的法律基础。

再次，随着时代的发展，图书馆的功能本身也在进行着演变。19 世纪中后期，第二次工业革命开始。工业革命的深入开展，对经济、政治等都产生了深远的影响，一方面促进了城市的扩大与发展，另一方面也推动了商人、平民等阶层的扩大。工业革命的过程并不是容易的，工业生产亦然，极其考验科学技术以及工人的知识储备、操作能力等。显然，这促使了劳动人民对知识的渴求，因此劳动人民对于社会上的一些公共学习场所的需求也随之扩大，已有的场所并不能满足他们的需求了。这些都为公共图书馆的建立奠定了相应的基础，随之，在 1850 年英国在全世界首先通过了关于全国性公共图书馆的法律条例。该条例中对于公共图书馆的一些基本特点及其本身的适用范围都做出了明确的规定，且其中也阐述了经营公共图书馆的经济来源和公共图书馆的服务人群。当然，该法律也规范了建立公共图书馆应走的步骤程序，还有图书购买方面的问题，总之，该法律的确立对公共图书馆的建设有很大的指导作用。

20 世纪初公共图书馆正式成型，然而，因为工业革命的发展，促使在 19 世纪后期就有一些含有公共性质的图书馆、藏书阁出现。

古代时候，一些文人志士热衷于对书籍进行整理收藏，并且在家中有单独的书房来藏书，而他们所收藏的书籍仅仅流通于自己的亲朋好友之中。当然，也存在着一些皇家图书馆，虽然里面书籍很多，但顾名思义"皇家"，其受众只是皇上和一些大臣。因此，这个时期的图书很少人使用，顶多是一种像甲骨文一样保存文化知识的途径。一些学术研究者对于图书也仅限于对它们作一些标注以及对民间流传的各种版本进行统计整理。公共图书馆首次出现在人们面前那便是清朝末期的时候，以康有为等人为首的维新派率先提出建立公共的藏书阁。图书馆的建设到普及是一个漫长的过程，在我国最开始创办的便是上海，但是起初上海的政府并不是很支持。因此，人们多是建立了一些民营图书馆，其中比较出名的有鸿英、东方等图书馆。除了民营外，它们的共同之处便是都是由一些爱国的仁人志士及一些信奉儒家思想的商人在支撑着。它们的共同理念便是保护文化知识，传播中华优秀传统文化。当然，这些民营图书馆的创办、开放具有广泛的积极影响，促进了优秀传统文化的传承及交流，方便了学者的阅读及资料的查找。随着经济的不断发展，在20世纪前期上海就建立了不下百个公共图书馆，但当时社会因战争比较动荡，且图书馆所面向的受众较少，因此这些图书馆对社会所做的贡献并不大。

中华人民共和国成立以来，特别是改革开放之后，我国政府改造乃至重建了一大批图书馆，国内的图书馆机构渐成体系。除了县级以上图书馆外，农村基层图书馆的建设也提上日程，旨在让更多的人能够方便快捷地获取公共知识，习得传统文化，进而切实提高我国民众整体的文化水平。在计算机诞生以来，伴随着网络技术的普及应用，人们的日常生活变化巨大，图书馆的信息枢纽功能也开始展现出来。这一时期，越来越多的图书馆中配备了数字化设施，电子化信息资源、数字化知识资源不断增多。

近年来，物联网技术的发展速度逐步加快，各行各业均迎来智能化变革，数字时代已然到来。在此环境下，图书馆也亟待依托新型技术创新升级，拓展文化功能与社会功能，对自身应具备的功能重新定位，以满足用户全新的需求和社会多样化的发展要求。总而言之，时代不同，赋予图书馆的使命也有所不同，我国的各大图书馆应当及时把握时代的发展趋势，结合自身实际情况，调整功能定位，最大可能地实现自身价值。

此外，物联网的发展和应用也是图书馆功能再定位的重要依据。互联网打破了国界和边界的限制，实现了人与人之间的互相连接。当电力、水利、建筑、交通以及运输等行业充分应用互联网技术后，除了人与人的互相连接以外，还可以实现人与物、物与物的互相连接，这就是如今大热的物联网。当互联网技术发展到了一定水平，物联网技术顺势而生，是数字时代的重要技术之一。事实上，早在20世纪90年代，最初级的物联网产品就已经产生了，那就是在城市中出现的智能贩卖机，这类产品的出现在当时就引起了专家学者们的关注。20世纪末期，物联网的概念得到更广泛的普及，"万物皆可连"的观点开始为人们所接受和理解。2004年，泛在网络社会的概念首次出现在日本，推动了物联网技术在日本国内的普及应用。2006年，韩国紧随其后，对物联网的实践应用展开了探索。2009年，时任国家总理的温家宝对物联网技术给予了充分肯定，促使我国物联网技术的研究和应用更进一步。江苏省无锡市紧抓机遇，创建了感知中国研究中心，成立了国家传感信息中心规划建设领导小组，上下统筹下调多种力量共建科技研发平台。与美国、欧盟等西方国家相比，我国对物联网的关注度要高出许多，已经将其列入五大新兴战略性产业之一。

在政府的支持下，我国的物联网技术迅猛发展，从物流管理到数字医疗，从食品安全到实时监测，基本上各个领域都能够看到物联网的影子。对于图书馆而言，物联网技术的应用将推动其实现更加高效的运营。当全社会都在积极借助物联网实现统一互联，图书馆自然也不能故步自封，而是要将物联网的应用纳入发展蓝图中，并将此作为自身功能重新定位的重要依据。

最后，智慧城市的建设为图书馆的发展带来了珍贵的机遇。2010年，IBM正式提出了"智慧的城市"愿景，我们现在所讲的智慧城市，是指基于各种信息技术，打通城市系统，集成城市服务，整合城市资源，优化城市管理，最终达到改善市民生活的目标。在我国建设智慧城市战略的推动下，图书馆的发展也面临着前所未有的机遇。一是人们对信息的重视度大大提升，进而促使人们对信息的需求量大幅度增加。在数字时代智慧城市建设的背景下，人们产生了更强烈的信息意识，我国的国民信息素养也得到了整体提升。二是我国社会的信息环境与以往相比得到了很大程度的优化,良好的信息环境对信息资源的整合与重组而言有着重要意义,有助于提升图书馆信息处理的速度。与此同时,良好的信息环境在提升公民文化素养方面发挥着积极作用。三是组织及个人的创新意识均有所提升,图书馆也可以借助知识创新、模式创新,实现自身的转型升级。四是图书馆的服务对象有所增加,潜在用户将从本地区拓展至全国乃至全世界。五是图书馆的文化影响力将进一步扩大,服务对象增加了,受到图书馆文化影响的人自然也将有所增多。与此同时,倘若图书馆能够紧抓智慧城市的建设机遇,重新进行自我定位,自然能够在改善服务体系的基础上扩大文化影响力。六是图书馆的资源结构将得到进一步扩充。大数据等信息技术的广泛应用促使跨地域的资源查询、下载与保存成为可能,图书馆将获得更丰富的电子资源、虚拟资源渠道。我国的图书馆应当牢牢把握住上述机遇,调整自我定位,从而将机遇转化为可持续发展的钥匙。

第四节 数字时代图书馆的建设方案

1. 加强图书馆数字化宣传,完善交互功能建设

数字时代给图书馆带来了一系列的变化,主要体现在出现了虚拟图书馆这一全新的概念,在空间建构上也应当将其考虑进去。

就图书馆实体空间的建构而言，应从宏观、中观以及微观等三方面展开，确保图书馆的空间能够满足数字时代人们的需求。而就图书馆虚拟空间的建构而言，则要充分利用先进的 VR 和 AR 技术，尽可能地营造出真实感。在良好完成图书馆的实体空间及虚拟空间建构后，就要在图书馆数字化的宣传方面下一番功夫，让用户对图书馆的数字化成果有一个全面的了解。前面已经提到，图书馆中引入的很多数字化设备都处于闲置状态，这在很大程度上是由于人们对这些设备的了解程度不高，才导致设备的利用率偏低。了解而后关注，关注而后使用，三者间是层层递进的关系。因此，图书馆要做好数字化成果的宣传工作，提升在用户群体中的认识度，具体可以采取的宣传手段则比较丰富，图书馆可以结合实际情况做出选择，同时要注重宣传形式的创新。当前，出现了许多可供图书馆利用的信息传播工具和传播平台，图书馆完全可以将传统宣传手段同新媒体宣传手段相结合，线上线下同时入手，提升宣传力度。与此同时，可以到学校、社区等人群密集的地方开展一些富有号召力的宣传活动，在活动中融入有奖问答、数据检索等兼具趣味性和专业性的比赛项目，促使大众能够积极地参与进来。此外，图书馆还可以充分利用时下流行的一些社交软件，比如微信公众平台、抖音短视频等，以此实现更加广泛、迅速的传播，增加数字化成果的能见度。当然，完全可以借鉴其他图书馆的先进经验，有选择地模仿其他优秀图书馆的一些相关做法，吸引大众关注。

在完成推广宣传的任务之后，图书馆紧接着要做的就是搭建起健全的交互渠道，保证大众能够顺畅地对图书馆做更加深入的了解。倘若图书馆缺乏有效的交互渠道，那么社会大众想要通过图书馆获取信息资源或其他帮助往往会受到不少阻碍。各大图书馆可以在官网上面嵌入交互模块，并设置在比较显眼的位置，让用户进入网站就可以看到交互渠道。当前，有不少机构已经基于云计算技术研发出了应用于数字化领域的交互工具，比如淘宝网站研发并使用的"客服小蜜"，不仅可以高效、准确地回答用户提出的问题，还能够智能地与用户进行简单的交谈，当无法回答用户问题时就可以接入人工客服。图书馆也可以借鉴这种交互模式，从而打破为读者服务的时间和地理限制，并节省人力资源成本。

2. 整合并优化文献资源结构，加强数字资源共建共享

图书馆资源构成的科学性与使用率之间存在着较为密切的关系，科学的文化资源结构有助于提升资源的使用率。当前，大多数图书馆都拥有数字图书馆、资源共享平台等资源数据库，部分地方图书馆还具备富有地域特色的文献资源或平台。但也有一些图书馆收录的文献资源过于杂乱，不仅没有挖掘出本图书馆的特色，还未能保存好已有的文献资源。对于各大图书馆而言，可以立足自身已有的优势资源，进一步开创特色数字馆藏。符合条件的图书馆可以应用 Haddop 系统进行资源整合，该系统可以综合收集文献资源的检索数据，在将相关数据反馈给图书馆管理者后，

可以较为准确地了解用户的偏好和需求，进而提高数据挖掘的有效性和资源配置的合理性。如此一来，图书馆在为读者或用户提供个性化服务时将更加游刃有余。除了国家图书馆以及资金充沛的一些其他图书馆以外，大多数图书馆都无法将所有领域的文献资源囊括在内。倘若想为所有领域的读者提供同样高水准的文献服务，显然需要投入十分巨大的资金，且可操作性偏低。图书馆应当在利用好已有资源的基础上，积极争取其他图书馆或文化机构的共享资源或建立起长久的合作关系，以提升资源的丰富度与质量。

3.合理调整组织机构，注重从业馆员的专业培训

图书馆的数字化建设还需要来自人力资源建设的保障。虽然数字时代促使智能机器逐渐代替人类完成一些程序化的工作，但是这并不代表图书馆降低了对人力服务的要求。恰恰相反，伴随着智能化的发展，拥有了高端科技的辅助，对图书馆从业人员素质的要求也越来越高。我国的图书馆既要积极引入并发展数字化技术，还要培养能够熟练应用数字化技术的综合素质人才，打造一支兼具科研能力和危机应对能力的队伍，从而更好地适应数字时代的技术环境。在人力资源管理中，图书馆也要引入竞争机制和激励机制，将数字化建设的业绩同薪酬、晋升等挂钩，激发从业人员投身于图书馆数字化建设的积极性。在此基础上，图书馆要合理地调整组织机构，打破现有机构设置，为未来的转型升级

奠定基础。

　　数字图书馆带来了多方面的革新，图书馆要鼓励从业人员学习新知识、新技术，并为从业人员提供学习机会。比如可以定期组织培训活动以及图书馆间的交流活动，普及新兴的科学技术知识，提升从业人员的综合素养，为智慧型图书馆的打造奠定人才基础。目前，我国其他机构也能够提供类似的培训，图书馆可以派遣从业人员进修。现如今，相当一部分图书馆提供的培训内容都是围绕数据库的使用，但是图书馆数字化的进程仅仅依靠这些知识技能还远远不够。各大图书馆在设置培训课程时，应围绕数字化的发展需求，将数字挖掘技术、云计算技术、信息文献计量技术等纳入培训和考核内容中。除了基层从业人员以外，图书馆还要加强针对管理层的培训，主要是先进管理经验的灌输。多管齐下，方能切实推动图书馆的数字化建设。

　　此外，图书馆的从业人员还要转变工作理念，主动挖掘数据，真正了解读者的需求。为了达到这一目标，图书馆除了培养从业人员的专业技能外，还要推进观念改革教育，优化服务态度，转变服务理念。不论身处图书馆的哪个岗位，从业人员都应当切实提升岗位重视程度，并在做好本职工作的基础上了解并学习其他领域的新技术、新观点，丰富个人知识储备，提升文献资源整合和筛选的能力。目前，图书馆的从业人员很少会同读者直接接触，只有读者主动寻求帮助时，双方才会有所接触。对于这种现象，应提升从业人员的主动服务意识，及时发现读者面临的问题，耐心帮助解决。

4.引进智能化管理模式,提供个性化服务

在新型数字图书馆中,提供个性化的服务是非常重要的。现代社会,图书馆所具备的功能越来越多元化,不仅能够实现传统文献、电子数据的保存和查阅,还能够提供包括文化体验服务、参考咨询服务、书籍信息提示服务等在内的个性化服务内容。图书馆的综合发展离不开智能应用的普及,要依托数字化技术构建智慧型图书馆,提升读者的体验满意度。各大图书馆都可以借鉴国内外优秀图书馆的智能化变革经验,结合自身实际情况,引进智能化管理模式,及时把握读者的偏好变化,提升馆内管理效率。

与此同时,我国的图书馆要以读者偏好为导向,完善个人图书馆的建设,提供更加个性化的服务。一方面,不断完善图书馆内的信息服务系统,收集读者的阅读数据,通过大数据技术分析收集到的数据,把握读者倾向于将哪些时间段贡献给图书馆、更热衷于阅读哪些书籍、对哪些文献更感兴趣等多方面的信息;另一方面,基于对读者产品需求、浏览倾向等信息的统计分析,为读者提供针对性的、智能化的信息资源推送,打造可自主完成借阅查询等操作的个人图书馆,从图书馆整体中衍生出读者的私人空间。在这一私人空间中,读者可以选择自己需要的服务,比如电子资料、研究支持等。

时代在发展,新技术层出不穷,图书馆管理者应充分利用这

些新技术革新馆藏和信息的表现形式。比如可以引入多媒体技术，构建出不同的情境，让文献的阅读更具趣味性；可以引入虚拟现实技术，建构数字化虚拟场景，自由生成读者需要的模拟环境，享受沉浸式的体验；可以引入人工智能技术，从而实现与读者间的交流互动。当然，每个图书馆还是要结合自身的实际情况，重新规划现有资源，为读者提供良好的智能空间。在这个过程中，图书馆也要积极打造学术科研支持中心，为读者们提供最先进的科研支持。

第五节　数字时代图书馆建设的保障措施

1. 法律支持

数字时代在催生许多图书馆可利用的新技术的同时，带来了困扰人们许久的知识产权问题。图书馆的数字化进程的顺利开展，亟待知识产权问题的良好解决。不论是信息资源的开发，还是信息资源的利用，以及用户的权益，都需要来自知识产权保护法的保障。世界各国都越来越重视知识产权法律法规的完善，从而更好地平衡和保证社会不同阶层的权益，对那些不规范使用知识产权的行为人进行约束。同样地，我国也应当建立起与图书馆数字化发展相匹配的知识产权法律体系。技术更新迭代的速度非常之快，网络用户的数量也呈现出迅猛上升的趋势，各种各样的网络信息更是铺天盖地，传播范围也极为广泛，这就促使图书馆数字化的发展走在了法律法规制定的前面。我国要建设社会主义法治国家，必须依赖健全的法律体系，图书馆数字化的稳定发展也离不开健全的法律保障。所以，国家应当赋予图书馆一定的法律权利，明确图书馆的服务地位，为图书馆实体资源及数字资源的共享提供法律保障，切实做到有法可依、违法必究。有关知识产权法律体系的构建，则可以充分借鉴国外现行的法律条款，取长补短，打造出适用于我国图书馆数字化发展的法律体系。在健全的知识产权法律体系的保障下，图书馆的资源才能够更好地共享给更多的社会公众，并间接推动我国科技及文化的繁荣发展。

除了知识产权法律体系外，图书馆法律体系也需要进一步的完善。图书馆行业的发展也离不开图书馆法律体系的保障，从而更好地维护图书馆从业人员和读者的权益。有关政府部门要协调好图书馆法与知识产权法之间可能出现的对立点，也就是平衡著作权利人和图书馆之间的权益关系。当前，在法律支持的同时，还可以成立图书馆数字化建设的相关协会组织，以做好各项工作的协调统一。

2.网络支持

现代社会，人们每天都在接收大量的信息，文化生活也在朝着知识密集型的方向发展，并由此带来了许多变化，其以网络的变化最为突出。为了适应各类变化，图书馆必须找到一种可行、高效的途径更好地完成知识共享的任务。在这一过程中，最重要的就是完善网络环境，优化网络基础设施，为数字时代图书馆的变革创新提供基本保障。一方面，要提高网络的稳定性，以满足大规模用户的需求；另一方面，要建设广泛覆盖的无线网络，解决多人同时上网的问题，为公众获取信息提供便利。就目前来看，我国的网络基础设施建设已经取得了不错的成就，但是在普及性方面还有较大的提升空间，未来要着重提升网络的覆盖范围。

3. 技术支持

在图书馆数字化的整个过程中，对于信息的查找的要求是极高的，这也是支撑图书馆数字化应用运转的一项重要技术，因此对于这方面的研究是很重要的。生活中最常见、应用最多的便是通过对一些文本的查找来得到你所需的信息，但是仅仅只能利用文本查找是远远不够的，所以我们应拓展查找的方式，比如颜色查找、声音查找等，不能仅局限在用文本进行查找。图书馆数字化的进程不是一帆风顺的，其过程中也面临着不少严峻的挑战，而当前的问题便是如何让信息可视化。因此，在实现图书馆用户可视化终端方面，很多图书馆乃至百度、谷歌等著名搜索网站都没能达到要求。随着科学技术的发展，一些专业的科学设备出现在人们视野中，其中还有很多个人设备，而不管是个人设备还是科学设备，它们无一例外都推动了可视化的发展。随之兴起的还有一些人对于交互界面的个性化定制，然而关于这方面的技术还是很单一落后的，毕竟还处于初始阶段，但我们追求的远不止于此，对于交互界面的服务形式应不断地创新，这样才能使得面向的用户群体有更多途径、更多设施，来依据自己的兴趣爱好进行定制。

显而易见，很多数字化技术才处于起步阶段，而想达到成熟的阶段还需要较为漫长的发展过程。这其中就包括对于机器的学习、对内容的解析等。硬件和软件是相辅相成的，只有技术是不够的，还需要硬件的支持，即一些用来分析整理数据、搜集处理资源的工具设备，当然，只满足以上还是远远不够的，这些工具还应能对数据、资源进行分类式储存，最重要的便是对于图书馆数字化基础体系结构的研究与开发。

4. 标准化规范支持

图书馆的数字化是一个复杂的过程，需要依据各种各样的标准。因此，应构建起针对图书馆数字化建设的标准体系，笔者认为该体系起码要包含五个方面的标准。一是数字化信息的采集标准、整理标准以及保存标准的构建。图书馆最初采集到的信息通常是以多种形式存在的，在将这些信息转化为数字化形式的时候，要遵照相应的信息资源整合分类标准以及检索标识标准。二是信息检索标准的构建。用户通过图书馆的数字化设备检索的内容并非是单一的，而是丰富多样的，所以图书馆要预先建立统一的检索标准，切实提高用户的检索效率。三是网络及网络资源标准的构建。该标准主要应用于图书馆信息的传输以及网络资源的整合。

四是信息权限的管理标准及安全标准的构建。为了对用户的隐私形成良好保护，图书馆要引入先进且科学的加密技术，并对数字资源进行安全设置，防范黑客攻击，为馆内相关资源的安全性、完整性提供保障。五是包含文献系统质量管理等在内的其他相关标准，主要目的在于为读者提供高质量的文献资料。

另外，图书馆还要针对数字资源建立起一整套的标准规范，主要包括数字资源加工标准规范、数字资源检索、使用的标准规范以及元数据管理标准规范等。数字资源可以划分为一般数字资源和专门数字资源两大类，加工标准规范也要分开制定，并明确加工程序。所谓元数据管理规范，就是描述数字属性的信息，可以算是一种电子式目录。

5. 管理机制支持

管理机制的重点在于完善性和科学性，包含竞争机制、激励机制以及培养机制等内容，主要是以图书馆从业人员为对象。良好的竞争机制能够有效激发图书馆从业人员的工作积极性，并且不会对图书馆的工作环境造成不良影响。竞争机制的完善，离不开科学可行的绩效考核制度。图书馆人力资源管理人员，要基于馆内业务需求，科学设定馆内岗位，并定期对岗位业绩进行定量、定性相结合的考核，推行竞争上岗制度。在考核从业人员的过程中，要进行综合考核，以推动从业人员主动提升自身的综合素质。当然，员工积极性的调动更多的还是依赖完善的激励机制。图书馆应当选择科学的激励方法，施行物质与精神的双重激励机制，充分挖掘从业人员的潜能，达成更高的目标。与此同时，处于数字时代背景下的图书馆，必然会应用许多新技术、新工具，这时候就要加强从业人员的技能培训，从而更加适应图书馆的未来发展。

第五章　非物质文化遗产传承与数字时代图书馆功能的扩展

20世纪90年代以来，信息产业迅速发展，爆发出了巨大的社会能力，产生了信息文明，带来了知识经济，催生了数字时代，图书馆的发展由此也迈入数字化阶段。图书情报领域引进了越来越多的新技术，渗透到了信息组织、信息服务等多个方面。图书馆的运转模式发生了翻天覆地的变化，数字图书馆开始兴起，图书馆的形态、特征、功能都与以往有很大不同。数字时代，资源的载体愈发多样化，知识服务越来越受到重视，图书馆的功能也有所拓展，并可以广泛地应用于非物质文化遗产的传承领域。

第一节　非物质文化遗产资源收藏与整理的数字化

非物质文化遗产资源收藏和整理的数字化是非物质文化遗产保护工作的必然手段和最佳手段。首先，有利于非物质文化遗产信息资源的共享。非物质文化遗产具有活态性，不仅代表着地方最具感染力的文化形态，还是我国软实力的重要组成部分。非物质文化遗产中蕴藏着不可估量的文化价值与能量，这些都可以通过传承来无限放大。非物质文化遗产的数字化处理有助于其良好的传承，更有助于信息的共享。在对非物质文化遗产资源进行数字化收藏后，图书馆可以逐步建立起健全的数字化信息共享机制，通过网络实现非物质文化遗产信息的交换与共享。其次，非物质文化遗产整理的数字化本身就为整理工作提供了极大的便利，有效地提升了工作效率。最后，非物质文化遗产收藏和整理的数字化有助于非物质文化遗产的原生态保存，解决了部分非物质文化遗产项目形态被更改、曲解乃至损坏的问题。在最初挖掘非物质文化遗产的过程中就采用数字化的手段，能够为非物质文化遗产存在及表现形式的原汁原味提供可靠保障。一方面为该领域专家学者们的研究提供便捷的途径，另一方面能够为非物质文化遗产的后续申报提供丰富的资料佐证。

长期以来，图书馆承担着收集、保存、共享人类文化遗产的重要职能。伴随着数字时代的到来，图书馆的服务功能迎来了难得的拓展机遇，在非物质文化遗产的传承方面也实现了收藏与整理功能的数字化拓展。现如今，大多数图书馆都能够实现非物质文化遗产资源收藏与整理的数字化。图书馆首先是收集一些非物质文化遗产的多媒体信息，这些信息均具备相当高的价值，具体表现形式有文字、图像、音频、影像以及科学数据等。信息资源的收集只是最初步、最基础的工作，图书馆还要依据相应的标准规范对这些多媒体信息资源进行二次、三次乃至更多次数的加工，确保可以将这些非物质文化遗产资源高质量地保存下来，并进行科学化的管理。在这一过程中，还能够实施非物质文化遗产的知识增值。当图书馆将非物质文化遗产资源顺利存储好以后，公众就可以通过广域网跨越数据库获取这些非遗知识，该项功能的实现主要是依托先进的电子存取服务技术。与此同时，非物质文化遗产资源的数字化还需要克服不少的困难，比如要防范知识产权的侵犯，要设定科学合理的存取权限，要保证数据库中信息的安全。

数字化的分类采集标准的制定是非物质文化遗产资源收藏与整理数字化的重要环节。数字化分类的目的在于为用户提供统一的检索标准，从而提升非物质文化遗产资源的管理效率和利用效率。根据我国的国家级非物质文化遗产代表性名录，可以将非物质文化遗产划分为传统音乐、民间文学、传统医药等十大类，这是比较粗放型的分类方法。进入数字时代，对非物质文化遗产的分类应当基于其内涵展开精细型的划分。对非物质文化遗产资源的描述则要覆盖其所有的知识特征，进而构建起科学且合乎逻辑的数字化分类标准。而数字化采集主要是指对非物质文化遗产资源的数字化录入，该过程所应用的技术对非物质文化遗产数字化保护的存储环节、展示环节以及管理环节将起到一定的决定性作用。所以图书馆在开展非物质文化遗产保护工作的初期，要切实把握非物质文化遗产相关信息资源采集所应用的硬件设备和软件设施，并确定非遗信息资源存储的规格。所有的非物质文化遗产的相关信息与数据都是巨量的，所以图书馆应当在做好数字化分类工作的基础之上，再完成其数字化采集标准的制定。合理的数字化分类采集标准不仅有助于实现非物质文化遗产信息的有序聚集和高效管理，还有助于实现非物质文化遗产数据库的资源描述、信息发布以及信息检索等全方位的功能。图书馆可以基于我国已经建成的非物质文化遗产数字化网络体系，在充分考量不同类型非物质文化遗产特征的基础上，制定出具备良好适用性的数字化分类采集标准。

非物质文化遗产资源的数字化同样还需要构建针对整个流程的统一的规范标准，基于各种数字化信息，依托数据库技术、智能检索技术、云计算技术等完成信息资源的生产、加工、存储、检索、传递、保护、应用以及归档。图书馆可以借鉴电子商务的管理模式，让广泛范围内的社会大众都能够共享到丰富多彩的非物质文化遗产多媒体信息。在这一过程中，需要来自网络基础设施建设的支持，主要是宽带高速网络，它决定着非遗信息资源的传递速度。就目前而言，非物质文化遗产资源的数字化已经彰显出六大基本特征：一是非遗信息资源收藏的数字化；二是对非遗信息资源操作的电脑化；三是非遗信息资源传递的网络化；四是非遗信息资源储存的自由化；五是非遗信息资源的共享化；六是非遗信息资源结构的连接化。

在过去，图书馆收集整理的对象大多是纸质文献资源，而迈入数字时代，图书馆收集整理文献资源的类型越来越多元化。计算机快速普及，网络技术飞速发展，促使以电子图书为代表的多媒体资源大量涌现，这些都成为图书馆收集和整理的文献对象。

与此同时，我国各大图书馆紧跟时代发展的步伐，主动改进并提高内部的服务水平和管理技术。很多图书馆都在非物质文化遗产电子文献资源的购买方面投入了大量资金，并在此基础上打造了专门用于储存和共享非物质文化遗产的数字资源库，为非物质文化遗产的保护与传承打下了良好的基础。面对那些以非文字形式保留下来的非物质文化遗产，图书馆也能够借助计算机数字化技术将其妥善地保存下来，并分类收进馆藏。以越剧、昆剧等为代表的地方剧目的收藏和整理为例，完全可以将其摄录下来，经过剪辑整理制成光盘，然后放置到图书馆收藏；对于一些工艺品的收藏同样可以拍摄其制作过程，而后经过剪辑整理制成光盘，放置到图书馆收藏。数字时代，人们对信息的依赖格外强烈，图书馆对非物质文化资产资源的整理中还包含着对网络信息资源流的整合、归类工作，并在此基础上建立起网络非物质文化遗产资源的索引。

第二节 非物质文化遗产教育推广的网络化

知识经济是数字时代的基础，而创新是知识经济的本质特征。网络是数字化的特殊代名词，在一定程度上可以看作数字时代的缩影。网络技术的出现以及水平的提高，促使我们所生活的社会发生了翻天覆地的变化，这些变化体现在人们生产生活方式、工作方式、思维方式以及学习方式等方方面面。时下，由网络催生出的新名词层出不穷，比如网购、网银、网游等，这些都已经成为人们日常生活中不可分割的重要部分。在阅读方面，越来越多的人开始使用线上阅览应用，比如微信读书、掌阅读书等手机端App。在此背景下，数字图书馆也越来越受到大众的欢迎。因此，图书馆应当紧抓机遇，在将收集整理的非物质文化遗产资源数字化之后，及时上传到官方网站，促使社会公众可以通过数字图书馆等网络渠道获取想要的非物质文化遗产信息，学习非物质文化遗产知识，进而更好地传承和发扬非物质文化遗产。在国家层面，也要出台推动数字图书馆建设的政策文件，并给予相应的人力、物力或财力的支持，让更多的图书馆能够将非物质文化遗产数字化资源通过网络渠道共享给更多的人，让我国悠久的历史文化、光辉的软实力建设成就通过互联网传播至世界各地，增强中国在世界上的文化影响力。

　　显然，数字时代促使图书馆在非物质文化遗产教育推广方面的网络化成为可能，相比于非物质文化遗产的传统教育推广手段而言，彰显出许多显著的优越性。首先，非物质文化遗产网络化的教育推广方式打破了时间、空间和地域的限制，只需要具备计算机网络，就可以将信息资源传递至全球每个角落，从另一种角度讲，这其实就是开放大学。在网络化的教育机制中，人们的工作和学习可以有机结合，不需要和以前一样，上班的时间只能工作，下班的时间才可以学习。现如今，任何时间、任何地点都可以通过网络渠道获取并学习知识，也可以通过网络开展工作，自主学习、终身学习的愿景已然有条件实现。其次，通过网络，世界各国的民众都可以了解到其他国家的非物质文化遗产信息，也可以通过一些图书馆网站的交互功能请教有关非物质文化遗产的问题，甚至可以借阅、拷贝别国图书馆的非物质文化遗产文献资料。特别是在5G技术推广应用之后，图书馆所共享的非物质文化遗产的信息资料的查阅与下载都可以在瞬间完成，所有人不论出身、地位等因素，都可以自由地获取高质量的非物质文化遗产信息资源。

单就图书馆教育推广职能的实现而言，在数字时代主要可以通过七种途径。一是网络远程教育。所谓网络远程教育，就是借助互联网途径开展课程教学。在非物质文化遗产的保护领域，即借助互联网途径开展与非物质文化遗产相关的知识传播活动。图书馆可以联合一些第三方网校机构，开设具有特色性的非物质文化遗产知识课程。二是网络讲座教育，即借助互联网开设与非物质文化遗产相关的讲座。讲座的主讲人可以邀请非遗领域专家学者，也可以邀请非遗传承人。三是通过微信公众平台等渠道推动非物质文化遗产相关信息，提升非物质文化遗产知识的曝光率。四是应用多媒体技术在图书馆内展示非物质文化遗产并与参观者交流互动。图书馆可以开发出更加先进的软件技术，从而为参观者提供具备良好交互性的非物质文化遗产多媒体体验。比如可以通过以聊天软件为代表的网络工具，搭建起同现场参观者之间的线上交流平台，借助这个平台交流非物质文化遗产的保护想法和传播意见，也可以咨询与非物质文化遗产相关的一些问题，这种方法对于缺少讲解员的图书馆而言显然是不错的选择。五是通过在线社群的途径实现非物质文化遗产信息资源的共享。在非物质文化遗产的保护工作中，图书馆完全可以和一些专业机构建立起长久的合作关系，共同打造非物质文化遗产的在线社群，实现彼此之间的优势互补。六是出版非物质文化遗产电子出版物，将其作为和社会公众进行沟通交流的重要媒介。非物质文化遗产电子出版物就是借助数字化技术将与非物质文化遗产相关的各类信息存储到可再展现或播放的介质上面，促使社会公众能够通过这些电子出版物了解非物质文化遗产的相关信息。图书馆制作出版的非物质文化遗产出版物在拓展传播途径的同时还能够带来一定的经济效益。七是在图书馆内部设计多媒体文化活动展示厅，可以在其中放置大屏播放系统，反复播放非物质文化遗产的影像资料；还可以放置体验设备，让参观者可以自主搜寻非物质文化遗产信息资源；还可以定期邀请专业人士展示非物质文化遗产的制作过程，并开发出相应的体验媒体，让参观者也能够参与到制作过程当中。

第三节　非物质文化遗产交流共享的全球化

综合我们前面所说的，随着经济高速发展，互联网的发展正走向巅峰，正是在互联网的作用下，传统文化知识以及各种信息的交流传播变得更加个性化、多样化，开始迈向国际化的舞台。

正是由于网络的发展普及，人们可以通过新闻等各种形式快速了解到世界各地发生的事情，可以通过各种社交软件与处在各地的亲朋好友发送邮件及视频聊天等，实现了"天涯若比邻"，真正地使"地球村"这个词成为现实，人们由衷地感慨地球真小。经济不断发展，人们对于精神层面的追求在不断提高，而当前正处于经济全球化的大环境下，人们对于全球化的要求也拓展到了文化知识、体育竞技以及教育层面等，即人们可以依法平等地享受不同国家的教育及知识。如今，全球化的不只是经济，还有文化。文化的全球化就是世界各国优秀文化、信息资源可以在全球进行流动及共享，顾名思义，文化全球化促使了全球的文化间的交流融合、共同发展，同时它新增了一种比较广泛频繁的沟通方式，那就是跨越各种不同文化进行传播交流。

文化交流的全球化不言而喻是依赖于互联网的发展，而这才使得非物质文化遗产全球化有一定的生存发展空间。尽管政治经济决定文化，但是并不代表文化就没有反作用。在全球化的大环境下，任何国家都应该跟随潮流，不管是资本主义国家还是社会主义国家，无一例外。而如果不能紧跟时代潮流，推进文化交流的全球化发展，那么这个国家只会越来越落后于世界的脚步，在文明时代的浪潮中被淘汰。文化全球化不断深入发展，使得文化交流的方式也有了脱胎换骨的变化，也就是新型的借助网络来进行文化交流的方式正慢慢取代传统意义上的文化交流方式。因此，我们不得不密切关注这种新型交流方式，对其要给以高度重视。

第五章 非物质文化遗产传承与数字时代图书馆功能的扩展

与此同时,我们应明白民族文化与世界文化的关系,文化是民族的,更是世界的,它们是相互影响的,在这里就是各民族的自身文化与文化交流全球化的关系,我们既不能全盘否定具有特殊性的民族文化,也不能忽略文化交流的全球化,两者是在相互促进、共同发展的。因此,我们应牢记两者的重要性,尤其是民族文化不可磨灭的积极作用。以上告诉我们,民族文化本土化是以文化全球化为基础的,也就是实现两者的融合,这样才能使得非物质文化遗产在全球化中交流沟通、共享发展,实现建设一个平等的、面向全世界的互通平台的目标,而这些目标都达到了,才能真正意义上实现跨国家、跨行业的全球传媒事业。近年来,国内图书馆在利用网络同国外图书馆之间加强交流与合作。通过网络在线,国内外的图书馆专业学者可以同步鉴赏非物质文化遗产,有效地推动了我国非物质文化遗产项目走向世界。与此同时,国内图书馆还可以通过国际在线平台更深一步地研究非物质文化遗产的保护工作,提高保护水平,进而与国际接轨。借助互联网,全世界的非物质文化遗产资源都可以联结在一起,未来,国内外图书馆的网上合作领域还将进一步拓宽。

从我国国家层面的角度出发,在图书馆之间构建起统筹协调机制后,不论是资源的共享,还是技术的共享,都能够顺利开展,切实实现了多方资源与技术的有效整合。比如,很多图书馆之间互相帮助,极大地解决了以往非物质文化遗产文献资源不足的问题;还有图书馆联盟组织搭建起了线上交流平台,提升了组织的协调效率，也为非物质文化遗产资源的共享提供了极大的便利。在非物质文化遗产的保护工作中，先进的文化机构或联盟组织可以为落后地区的图书馆提供数字化支持，并在多方合作下建立起全国性或区域性的非物质文化遗产数据库，社会公众可以随时随地获取非遗信息。当下，全球经济一体化的趋势已然不可阻挡，欧美等发达国家的经济、文化都在向我国渗透，而我国国内的一些地区资源和非物质文化遗产则在悄无声息间走向了衰退乃至彻底消亡。这种不良的文化发展趋势不仅对我国文化的繁荣发展和文化软实力的提升造成了极大的打击，还对整个人类文化的多样化产生了不利影响。特别是非物质文化遗产作为一种看不见、摸不着的文化遗产，更是容易被人们忽略和忘怀。因此，以图书馆为代表的文化机构必然要加入我国非物质文化遗产的保护与传承中来，发扬我国优秀的非物质文化遗产，让国内乃至全世界的民众了解它们、爱上它们。图书馆致力于非物质文化遗产交流共享的全球化，是义不容辞的责任，也是对世界文化的一种贡献。

第四节 带动良好非物质文化遗产信息环境的打造

1. 非遗信息的重组集成与精准化

数字时代，整个社会的生产效率都得到了大幅度提高，与此同时，信息的产生越来越巨量化。在这些海量的信息中，既有真

第五章　非物质文化遗产传承与数字时代图书馆功能的扩展

实信息,也有虚假信息,信息质量良莠不齐,信息环境的整治变得越来越重要。在某种意义上,图书馆也扮演着非物质文化遗产信息集散地的角色,经常要开展非物质文化遗产信息的加工与处理工作,因此要在非物质文化遗产信息的收集、整理和共享过程中保持严谨的态度。特别是在非物质文化遗产信息的共享过程中,要注重传播优质的非遗信息资源,带动良好非物质文化遗产信息环境的打造。

首先,数字时代图书馆带动良好非物质文化遗产信息环境打造的功能囊括了非遗信息重组集成的功能。图书馆具备着知识传播和文化传承的基础功能,如今我国的公共图书馆已经面向所有社会公众免费开放,增加了图书馆的使用人次,也促使图书馆的平等原则得到了良好践行。伴随着科学技术的进一步发展,我国的图书馆事业也在寻求更进一步的改进。在此背景下,图书馆的数据收集功能有所拓展,收集的数据囊括了读者的借阅记录以及书籍流通率等。作为文化建设中心,图书馆本身就可以提供许多传统的非物质文化遗产项目服务,比如非遗纸质资源文献保存、非遗文化知识讲座培训、非遗数字化资源构建以及非遗信息检索咨询等。发展到数字时代,图书馆可以完成最新非物质文化遗产成果的传播工作,缩短普通大众获取相关信息的时间;也可以推动非物质文化遗产项目经济效益、社会效益的产生;还可以为地方民众提供个性化的信息服务。当然,除了本地居民以外,外来人口以及国际移民也可以在短时间内通过图书馆提供的数字化渠道了解当地的历史资源,感受当地的特色文化。另外,图书馆还可以将不同地区、不同类型、不同存在形式的非物质文化遗产资源分类集合在一起,打造出专属非物质文化遗产的"信息池"。

其次,数字时代图书馆带动良好非物质文化遗产信息环境打造的功能囊括了非遗信息精准化功能。互联网的到来促使数字信息资源呈现出指数型的增长趋势,人们越来越习惯于阅读电子资源,促使传统纸质资源的阅读量显著下滑,受到电子信息资源冲击的纸质资源正面临着前所未有的生存危机。但这也并非意味着未来纸质资源将完全消失,它还是有着显著的不可替代性的。纸质资源所记录的内容,有当代的社会发展状况,也折射出当代文化的发展程度。图书馆在做好非物质文化遗产纸质文献的保存工作之余,还要围绕用户对非遗电子资源的需求,加大电子资源转化的资金投入,增加优质非遗电子资源的馆藏量。如此一来,不仅能够提升非遗资源的共享率,还将为用户节省非遗信息的筛选时间。

在我国,图书馆可以选择自建非遗数字资源库,可以选择购买非遗数字资源,进而构建资源库,还可以选择外包非遗数字资源库。其中,非遗数字资源的自建就是由图书馆自行打造特色非物质文化遗产数据库,这种方式对图书馆技术专业人才的要求较高。外包则是图书馆借助第三方机构的力量定制非遗资源数据库,这是一种相对简单的方式。除了非遗数字资源库的构建外,图书馆还要对收集的非物质文化遗产信息资源进行分析和整理,通常会用到大数据技术和数据挖掘技术。在分析和整理的过程中，最关键的是对非物质文化信息资源的分类，而需要注意的是切不可剔除自认为不存在弘扬价值的非物质文化遗产信息资源，而是要做到原模原样的保留，从而为未来的研究提供参考资料。与此同时，图书馆要保证提供给社会公众的是有序的、精准化的非物质文化遗产信息，确保公众能够以简单的方式检索到高质量的有效信息。这是因为人们每天都要面对巨量的网络信息资源，大部分人缺乏良好的信息筛选能力，在非物质文化遗产信息资源的查找方面也是如此。由此可见，图书馆应担当起向社会大众提供可靠非遗信息资源的重任，做到相关信息的精准化传播与共享，进而在社会上创造良好的非遗信息环境。

2. 非遗知识素养的提升与智慧服务的提供

与其他公共文化机构相同，图书馆也拥有着提升国民文化素养的功能，而在数字时代非物质文化遗产的传承过程中，图书馆的这项功能得到了相应的拓展，主要表现为非遗知识与信息素养的提升以及非遗智慧服务的提供两个方面。

在过去，图书馆参与非物质文化遗产的保护与传承可利用的途径较少，主要就是推荐非遗图书、提供非遗咨询服务、开展非遗讲座活动等，由于这些非遗服务的模式比较固定，且具有明显的流程化，再加上缺乏互动性，导致很多人都提不起兴趣。与此同时，在那个年代，图书馆在进行上述非遗活动的宣传时，是处于广撒网的状态，漫无目的，缺乏针对性。而进入数字时代之后，图书馆可以借助大数据技术了解社会公众的偏好，在开展非物质文化遗产活动前可以先进行受众信息的收集和筛选，促使活动的宣传更具针对性。与此同时，多元化的多媒体技术为非物质文化遗产信息资源的展现提供了更加丰富的形式，参加者总能找到自己感兴趣的内容。在知识经济的狂潮格外火热的今天，图书馆除了自身做好非遗信息的收集与整理外，还可以将信息的收集和筛选技能教授给普通的读者。图书馆作为公共文化服务机构，处于数字时代的大背景下，还应当肩负起更先进的信息教育的职能。在非物质文化遗产的保护和传承领域，普通大众的信息素养主要表现在对非遗概念的了解、对非遗信息的获取、对非遗信息的识别、对非遗信息的传播发扬等方面。在以往，图书馆的信息教育功能主要是依赖讲座、文件印发等途径展开偏于理论性的讲解，且只有小规模的人群可以参加到图书馆举办的实践性培训中。发展到现在，图书馆可以利用多种渠道展开创新性宣传，将非物质文化遗产的信息素养知识做更广阔的推广。比如图书馆可以依托抖音、快手等平台开展视频直播，在增强互动性的同时，让更多的人可以无门槛地参与进来；还可以联合支付宝等互联网机构以及一些公益机构开展非物质文化遗产知识阅读时长兑换活动，在全社会范围内营造非物质文化遗产知识的学习氛围，并提升大众保护非物质文化遗产的意识。

与此同时，图书馆可以针对非物质文化遗产相关信息资源向公众提供智慧化的服务。当前,大多数图书馆的智能服务都体现在信息资源检索、文献资源借还、智能设备应用等三大方面。图书馆已经能够成熟地应用一站式检索平台,也实现了检索字段的多元化选择,极大地满足了大众的各种需求。还有一些图书馆搭建起了虚拟图书馆,并在其中陈列非遗工艺品,参观者可以透过虚拟图书馆如身临其境般感受非物质文化遗产的魅力。在数字时代的大背景下,图书馆往往积累了大量的读者数据信息,完全可以实现非物质文化遗产信息资源的智能推荐。

第五节　非物质文化遗产数据库特色化及分类检索体系创新化

1. 非物质文化遗产数据库特色化

数据库是基于计算机按照数据结构来组织、存储和管理数据的仓库。非物质文化遗产数据库的服务对象主要包括决策者、维护管理者以及使用者,其中使用者由普通使用者和研究者共同构成。普通使用者就是指一般的社会大众,他们访问非物质文化遗产数据库的目的大多为积累知识或满足兴趣需求;而研究者访问非物质文化遗产数据库的目的则在于获取可供深入研究的参考资料。维护管理者的主要任务是充实数据库中的非物质文化遗产资料,保证非物质文化遗产数据库能够正常、稳定地运行。决策者的主要任务在于推广数据库中所藏的非物质文化遗产知识，发扬中华民族传统文化。

新的数字技术为图书馆非物质文化遗产专题数据库以及专题网站的建立提供了强大的支撑。非物质文化遗产数字图书馆就是基于现代网络技术、数字传输技术，采用全新的科技手段展示非物质文化遗产的内容，建立起非物质文化遗产的数据库。根据2005年3月26日国务院办公厅印发的《关于加强我国非物质文化遗产保护工作的意见》（以下简称《意见》），除了强调了"各级图书馆、文化馆、博物馆、科技馆等公共文化机构要积极开展对非物质文化遗产的传播和展示"外，还明确指出了"要运用文字、录音、录像、数字化多媒体等各种方式，对非物质文化遗产进行真实、系统和全面的记录，建立档案和数据库"。非物质文化遗产数据库的建立，需要对非物质文化遗产进行分类、整合、排序并确认，主要会用到数据仓储技术。借助一系列的数字化手段，将传统的以文字说明为主的非遗展现模式拓展为多元化的展现模式。通过非物质文化遗产数字图书馆的主页，我们可以找到具体遗产目录的导航页，每一项非物质文化遗产都会有将文字、图片以及音视频等相结合的介绍方式。通过非物质文化遗产数字图书馆，也可以找到非物质文化遗产的新闻信息即评论信息，展示效果颇佳。数字化技术的应用为图书馆提供了更加广阔的非物质文化遗产表现空间和更加多元化的非物质文化遗产展示形式。

人是非物质文化遗产得以成百上千年延续传承的核心，大多

第五章 非物质文化遗产传承与数字时代图书馆功能的扩展

数非物质文化遗产都不是以物质形态存在的，而是以口头传统、节庆习俗、表演艺术以及技艺等表现形式存在的。因此，与物质文化遗产的保护相比，在保护非物质文化遗产时自然要采取不同的手段，主要是对现代信息技术的依赖更加强烈。有些非物质文化遗产需要拍照得以保存，有些非物质文化遗产需要拍摄成影音的形式保存。图书馆应响应《意见》的号召，积极地收集非物质文化遗产资源，亲自到一线走访继承人，并以先进的数字化手段对获取的信息资源进行加工处理，进而分类妥善保存。当非物质文化遗产的数字化资源积累到一定程度后，图书馆应建立起专门的非物质文化遗产数据库，一方面为人们的检索提供便捷的途径，另一方面实现对非物质文化遗产资源更好的保护。通过专题数据库，人们可以直观地感受到非物质文化遗产的魅力，进而自发地去传播相关知识。具体而言，图书馆在构建非物质文化遗产专题数据库时应遵循需求分析、检索系统设计、检索系统制作、检索系统测试、非物质文化遗产数据库开发以及非物质文化遗产数据库测试等流程。除了设计友好的界面以外，图书馆建立的非物质文化遗产数据库起码应当具备非物质文化遗产信息资源的整合、非物质文化遗产的管理服务、非物质文化遗产高级检索等功能。另外，在专题数据库特色内容的选录方面，要突出非物质文化遗产的民族性和地域性，以此为属性划分非物质文化遗产栏目，让社会公众可以通过网络渠道观赏到富有特色性的传统风俗、民俗表演以及手工艺作品。

· 155 ·

既然有了非物质文化遗产的专题数据库,就可以在此基础上建立起专题网站。当前,我国在国家层面也建立起了非物质文化遗产的官方门户网站,促使公众可以借助网页浏览了解我国非物质文化遗产的基本情况。门户网站可以帮助大众更加便捷地了解当地的非物质文化遗产信息,非物质文化遗产专题网站的建设要注重彰显本地的特色,并全面地展示本地的非物质文化遗产资源。网站模块的设计要做到简洁明了,确保人们进入网站就可以快速找到自己需要的非遗信息。通常来讲,非物质文化遗产的专题网站应包含非遗项目的名称、地域、内容、特色、发展历史以及传承人等基本信息,对于一些技艺类的还要提供制作视频资料,戏剧类的则提供影音资料。以民俗类非物质文化遗产为例,图书馆可以通过网站对其进行知识可视化表达,具体包括民俗类非遗的产生时间、演变过程、展现形式等内容,让用户可以直观地获取这类非遗信息。与此同时,网站上可以定期更新当地与非物质文化遗产相关的新闻信息、涉及非物质文化遗产保护的法律法规以及学术界最新的非物质文化遗产研究成果等内容。专题网站建立的根本目的就在于让人们能够清晰地了解当地非物质文化遗产的保护情况,感受当地非物质文化遗产的魅力,进而提升非物质文化遗产的保护意识。如果图书馆缺乏网站建设经验,那么可以借鉴一些成熟的非物质文化遗产专题网站,比如锡剧王派艺术官方网站、环球昆曲在线、中国越剧网等。其中,锡剧王派艺术官方网站是锡剧爱好者自行发起、创建并制作的非物质文化遗产网站,环球昆曲在线是江苏省演艺集团昆剧官方网站，中国越剧网则是由浙江省文化厅主办的传递越剧相关信息的官方网站。

图书馆在建设非物质文化遗产专题数据库和专题网站之前，还要做好选题工作，这在非物质文化遗产资源的挖掘过程中起到决定性作用。数据库和网站的选题要充分考量两方面的内容：一是要充分考虑到图书馆已有的文献资源，以此为选题的立足点，而后将富有价值的地方方志文献、民间民俗类文献、地方文化文献等作为选题依据，由此建立起兼具历史性、学术性、艺术性的特色非遗数据库。二是要充分考虑到当地的地域特点和文化特色，并借鉴非物质文化遗产名录，从当地挖掘出具有民族文化特色、地域文化特色的选题，比如吉首大学图书馆确立的"里耶秦简""湘西原始宗教文化"等选题，就充分彰显了图书馆的馆藏优势和当地的地域、民族文化特色。这些专题及非遗成果在湘西州政府非物质文化遗产项目的申报过程中发挥了一定的积极作用。事实上，图书馆参与非物质文化遗产的保护工作，本身就是一件双赢的事情，不论是对于当地非物质文化遗产项目的保护而言，还是对于图书馆自身馆藏内容的丰富而言，都具有重要的意义。

2. 非物质文化遗产分类检索体系科学化

除了专题数据库和网站的建立以外，数字时代图书馆在非物质文化遗产保护传承方面的功能还可以拓展到非物质文化遗产资源分类体系和检索途径的创新方面。上述两者可以合称为分类检索，也就是围绕用户的需求对非物质文化遗产进行科学的分类，从而提高用户在非物质文化遗产领域的检索效率。传统的非物质文化遗产资源分类体系具有显著的官方性质，随着时代的发展，受信息不对称、审视角度不同等因素的影响，很多地方的可操作性都不够理想。所以，图书馆应当以用户为中心，重新构建出符合时代要求的非物质文化遗产分类体系，具体要注意三个方面。一是要注重用户的主导性，提升分类体系的可操作性与实用性；二是要了解用户对传统分类体系的反馈意见；三是要将非遗项目地域、民族、传承人以及文化等因素与用户之间的关联考虑在内。

在构建起科学的非物质文化遗产资源分类体系后，图书馆就要着手于非物质文化遗产资源检索途径及检索方式的升级。即由简单检索升级为高级检索，由单级检索升级为多级检索，由被动检索升级为用户自构式的检索，由单一文字检索升级为多元化检索等。总体而言，非物质文化遗产信息资源的检索方式可以将分类树状图的分类检索与主题词检索相结合，可以灵活地扩大或缩小非物质文化遗产的检索范围。此外，还要合理地设置检索系统的功能，以主题词检索系统为例，通常要具备五项基本功能。一是主题词检索功能，也就是当用户输入某项非物质文化遗产的主题词时可以搜索到各类相关信息，比如内容摘要、种类等；二是组合检索功能，就是用户可以利用"和""或"等关联词进行非物质文化遗产主题词的布尔逻辑检索；三是依托各项信息的综合检索，这种检索方式的准确率相对较高；四是以关联度、时效性等为依据对检索结果进行综合排序,为用户快速找到满足需求的检索结果提供便利;五是可以在没有对应的非物质文化遗产主题词的情况下,给出便于用户选择的近义标题。由此方可满足不同用户的各种检索需求,并提升非物质文化遗产资源的检索效率。

第六节 非物质文化遗产信息服务模式的个性化与多元化

1. 非物质文化遗产信息服务模式的个性化

在数字时代,我们身处的环境已然移动化,在此种环境下,人们获取信息的方式和利用信息的方式都发生了极大的变化。社会大众对非物质文化遗产信息资源的需求也越来越个性化,图书馆所提供的信息服务自然也更注重人性化与个性化。图书馆针对非物质文化遗产的信息服务模式也会朝着个性化推荐、个性化参考咨询以及个性化定制服务的方向发展。这三种个性化服务模式将有效满足大众的相关需求。

首先是非物质文化遗产信息推荐服务模式的个性化,该模式所依托的技术主要为大数据技术以及数据挖掘技术。图书馆的首要工作就是分析相关用户的偏好数据,深度挖掘用户的真实需求与潜在需求,从而确保推荐给相关用户更加贴合需求的非物质文化遗产内容。所谓个性化推荐,即在用户检索非物质文化遗产资源时，图书馆的检索系统能够给出个性化、多样化的推荐结果。通常情况下，用户搜索信息资源的前提是明确地知道想要查询的内容，但是身处信息过载的社会环境中，这种搜索方式往往难以满足用户的实际需求。而图书馆推荐系统的优化，可以向用户推荐与其搜索词相关的更多非遗信息资源，起到帮助用户选择非遗信息的作用。现代社会，用户需求并非一成不变，再加上信息的指数型增长，用户想要在短时间内准确地获取非物质文化遗产信息的确困难重重。与盲目的测试关键词检索想要获取的非遗信息资源相比，用户更渴望检索系统可以直接推荐出自己真正需求的非遗信息。换言之，图书馆所提供的个性化推荐服务能够依据用户的个性、喜好、知识层次等要素提供恰好对应的非遗信息检索关键词，进而帮助用户找到满足自身需求的非遗资源。数字技术的进步促使图书馆个性化推荐服务模式的打造成为可能，而个性化推荐服务的前提在于用户行为信息、偏好信息等数据的收集和深度分析。

数据挖掘技术、用户建模技术以及信息推荐技术等都是个性化推荐服务模式的核心技术，对于满足用户的个性需求而言格外重要。图书馆的非物质文化遗产资源系统在提供友好的交互界面的同时，要为用户的实际操作提供便利，主要是在与系统的沟通方面。既然要为用户提供量身定制的非物质文化遗产信息服务，那么自然需要在法律允许的范围内了解和获取用户的各项相关信息，而部分基础信息的了解和获取可以通过非物质文化遗产网站的登记注册渠道完成。一是用户在登记注册的时候,将填写姓名、性别、工作单位、联系方式、受教育水平等基本信息,这些信息都可以由图书馆系统采集分析;二是登记用户对非物质文化遗产的浏览记录,具体包括非遗页面、停留时间以及浏览频率等,而后应用数据挖掘技术,采取聚类算法对用户的爱好、兴趣等进行分析,由此为个性化推荐提供充分的信息参考;三是以用户对非物质文化遗产的兴趣程度为出发点构建起用户模型,这也是个性化推荐服务的关键环节;四是对非物质文化遗产资源的科学描述,可以基于内容进行描述,也可以基于分类进行描述,如果从图书馆所拥有的非物质文化遗产资源的特性角度来看,最好是采取分类的资源描述;五是获取来自用户的反馈信息,图书馆可以在非物质文化遗产网站等线上平台嵌入反馈途径,让用户选择对个性化非遗资源推荐的星级评价指标(可划分为一星到五星等五个等级),评分低的用户可指明具体的不足之处,图书馆则可以根据这些反馈数据进一步地完善相关服务。

其次是非物质文化遗产参考咨询服务模式的个性化。个性化参考咨询服务就是对那些有特定信息需求的用户提供参考咨询的服务,具体到非物质文化遗产领域,就是用户可以向图书馆的从业人员、线上服务人员咨询一些特定的问题。就目前而言,能够提供个性化参考咨询服务的图书馆还是比较少见的,主要是一些高校图书馆在从事该项工作,并逐步发展成为高校图书馆信息服务的核心,比如清华大学图书馆联合上海交大图书馆等共同构建的 CALIS 分布式联合虚拟参考系统，可以为用户提供个性化的咨询服务、多样化的咨询方式。除了构建专门的咨询参考系统外，很多知名大学图书馆还提供了更加多样化的咨询方式，比如北京大学图书馆提供了 QQ、微信、微博等实时咨询、邮件表单咨询、虚拟参考咨询以及留言咨询等。对于公共图书馆以及一些普通大学的图书馆而言，可以借鉴清华大学图书馆、北京大学图书馆在参考咨询服务方面的做法，完善自身的参考服务平台，打造非物质文化遗产专项服务工作号，建立起多向沟通平台，以整合用户反馈信息，改善非物质文化遗产的信息服务模式。

再次是非物质文化遗产信息定制服务模式的个性化。个性化信息定制就是根据用户的要求、偏好等提供其需要的非遗信息服务类型，从而满足用户在非物质文化遗产信息获取方面的特定需求。个性化信息定制服务的本质其实还是个性化服务，具体内容包括三个方面。一是个人定制，就是对单一的用户提供的非物质文化遗产信息定制服务；二是团体定制，就是对用户群提供的非物质文化遗产信息定制服务，这些用户群通常拥有着类似的需求，为其提供的服务也是以学科、主题以及科研项目等作为类目划分依据；三是服务策略的定制，也就是可以根据用户需求提供相应的信息服务方式，比如有的用户习惯采用手机获取非物质文化遗产信息资源，那么图书馆就可以为相关用户提供手机端的非遗信息资源推送服务，进而最大限度地提供个性化服务。

2. 非物质文化遗产信息服务模式的多元化

就图书馆而言，满足用户的信息需求，让用户享受个性化、多元化的体验是非物质文化遗产的信息服务的基本目标，而完善自身在非物质文化遗产领域的信息服务模式，推动我国非物质文化遗产事业的繁荣发展则是最终目标。图书馆非物质文化遗产信息服务的多元化是未来的重要走向，特别是在信息爆炸式增长的今天，图书馆提供的相关服务倘若还局限在文献的保存、共享等基本功能，显然会被数字时代所淘汰。面对数字时代的社会大众，图书馆应当主动拓展非物质文化遗产的信息服务模式，追求多元化发展，将非遗知识讲座服务、非遗知识线上讲解服务等囊括进去。非物质文化遗产的知识讲座服务对于国民文化素养、社会文明程度的提高等而言意义重大。在开展非遗知识讲座的过程中，可借助海报、网页以及媒体等展开宣传，让读者充分了解相关信息的基础上根据自身需求选择是否参加。讲座内容则要从图书馆自身拥有的非物质文化遗产信息资源出发，开展包括名家讲坛、系列讲座等在内的特色化非物质文化遗产讲座，吸引读者参与了解。此外，图书馆要积极创新非物质文化遗产推广的形式，可以开展影片鉴赏、读书沙龙、阅读交流会、戏曲鉴赏等诸多活动。

第七节　数字化技术辅助下的非物质文化遗产传承创新化

在非物质文化遗产中，我们可以找到一个民族传统文化中所蕴藏的"形"与"神"，而这两者都是非物质文化遗产保护工作中的重中之重。倘若一项非物质文化遗产只剩下了"形"而失去了载体，那么文化必然会产生很大损失；倘若一项非物质文化遗产只剩下了"神"，那么就意味着内在精神的消失，文化本身也将从此走向消亡。文化是非物质文化遗产的内在核心，其中既有历史记忆，也有智慧积淀，并依托载体传递给人们。在数字时代，图书馆可以在数字化技术的辅助下，将非物质文化遗产从无形的历史记忆、智慧积淀转变为可以看到的甚至可以触碰的内容。传统的非物质文化遗产保护手段经过多年的发展，的确发挥出了不可忽视的作用，但是保护手段也应当顺应社会的进步趋势，在此过程中不断改进，从而为非物质文化遗产更优良、更完整的传承提供可靠保障。图书馆在参与非物质文化遗产的保护工作时，可以将传统保护手段与数字化保护手段相结合，以实现非物质文化遗产的创新传承。具体而言，传统保护手段可以用于保护非物质文化遗产的原生态性、本真性和民族特色性，旨在让后人感受到非物质文化遗产的质朴与真实。而数字化保护手段则要具体情况具体分析，恰当地应用在适合的非物质文化遗产项目上面，从而确保非物质文化遗产保护效果的理想化。如果只是针对非物质文化遗产项目的某一个方面或者某几个方面进行保护，那么这种保护工作其实是毫无意义的。图书馆要客观、审慎地看待传统保护手段与数字化保护手段，去其糟粕取其精华，善于利用两类保护手段的长处。不过，就目前而言，很少有图书馆能够实现传统保护手段与数字化保护手段的良好融合，主要是因为在此过程中有许多许多的难题需要解决。

现有的非物质文化遗产传承方式主要包括家族传承、教育传承、师徒传承以及生产传承等，其中以家族传承占比最高。当我们迈入数字时代，非物质文化遗产的传承也将在数字化技术的辅助下得以创新。图书馆推动非物质文化遗产创新传承功能拓展的实现，一方面需要利用数字化优势扩大非物质文化遗产的传播范围，让人们能够简单地获取非物质文化遗产信息；另一方面则需要为各类组织、机构以及个人提供非物质文化遗产交流平台，让更多的人能够认识非物质文化遗产，实现非物质文化遗产的"出圈"。图书馆要引进并培养一批高科技人才，并加强技术人员与非遗传承人之间的沟通交流，从而为非物质文化遗产数字化保护工作的良好开展提供重要的前提条件。图书馆在开展非物质文化遗产的数字化保护时，应从传承人及相关人员那里获取关于非物质文化遗产项目的所有特性，做到对内在文化的全面把握。为了推动非物质文化遗产的传承，图书馆有必要开展各种各样的活动提升有关非遗项目的知名度，以乐于接受新鲜科技事物的中年人和青年人为推广宣传目标，让他们了解非物质文化遗产，并鼓励他们传承非物质文化遗产，为非物质文化遗产的传承提供坚实的后备力量。现代社会，人们已经习惯了现代化的生活方式，大多较难接受传统的非物质文化遗产传承方式。与此同时，如今人们面临的现实诱惑越来越多，很少有人能够在封闭的文化环境中耐得住寂寞，去传承非物质文化遗产。而一旦非物质文化遗产的生存环境受到外来因素的影响，其稳定性和完整性都会受到一定程度的威胁。特别是新时代的年轻人更加追求时尚新潮的现代艺术，生活理念也与祖辈千差万别。再加上非物质文化遗产的传统学习和传承模式过于单调乏味，往往熟练掌握一项非遗技能需要相当长的一段时间，这些都使得一大批年轻人望而却步。而图书馆则可以向广大年轻人宣传在数字化技术介入后的非物质文化遗产的创新传承，不仅可以降低传承人的工作强度，还能够为更多对非物质文化遗产感兴趣的人提供平等的学习条件和传承机会。

图书馆借助数字化技术参与非物质文化遗产的传承工作时，要注意以非物质文化遗产项目的特性为导向，选择恰当的技术手段。与此同时，图书馆要考量到需要传承的非物质文化遗产项目的现状，对于那些缺少传承人的非物质文化遗产项目，要重点借助数字化技术进行推介，向社会大众普及其历史渊源，挖掘潜在的传承人，帮助项目找到最为理想的传承人；而对于那些有传承人，但生存空间正逐步缩小的非物质文化遗产项目则要充分思考是什么导致了其衰败，在找到根本原因后对症下药，并通过数字化平台进行广泛推广，帮助项目恢复生命力；而对于知名度较高的非物质文化遗产,则要帮助其进一步完善,并推动项目产业效应的提升。如果公众想通过图书馆的渠道学习非物质文化遗产的相关知识并传承,图书馆完全可以将基础的内容制作成影音文件提供给需求者,以传统手工艺木雕的传承为例,基本的工具使用方法可以利用数字化技术记录共享,而复杂的工艺则可以借助VA技术和AR技术让学习者在虚拟现实的环境中进行学习,而后再自行练习。在这种情况下,真正的非遗工匠只需要给予一些指导即可,大大降低了非遗的传承成本,而且在数字化技术的辅助下,很多传承风险都可以有效规避。

第八节　非物质文化遗产记忆留存的全面化与鲜活化

图书馆在发挥保护人类历史文化遗产这一基本功能的同时,发挥着社会记忆功能,这是图书馆与生俱来的功能。数字时代的到来赋予了图书馆社会记忆功能全面化与鲜活化的发展方向。社会记忆的源头是个人记忆,无数个人记忆经过渗透、融合以及相应媒介的转换,在得到社会大众的普遍认可后就转化为社会记忆,而非物质文化遗产恰恰是社会记忆的重要组成部分。数字时代,图书馆全面化、鲜活化社会记忆功能的发挥同样需要经过内容认定、资源收集、建库保存以及发布传播等四个互为依托的环节。

首先是内容认定的全面化。在过去图书馆感知社会记忆、认定其内容的途径相对单一，主要是以客观内容世界的文献保护为主，获取的途径也无外乎文献典籍中的文字记录。在数字化技术普及应用之后，图书馆针对社会记忆内容认定及认定途径均更加全面化。一是可以便捷地采集和保存民间无意识的社会记忆内容，比如非物质文化遗产中的口述传统；二是可以完成对无法用文字记录的社会记忆内容的认定，比如一些民间技艺、传统工艺都可以采用数字化的方式搜集并保存下来，这些具有活态性的非物质文化遗产记忆是图书馆社会记忆保护中的重要范畴；三是可以对那些不可移动的社会记忆形式进行内容认定，比如一些以建筑群落、自然风光等形式存在的文化遗产。总而言之，数字化技术的应用，促使图书馆可以高效地开展所有形式的非物质文化遗产内容的认定工作。

其次是资源搜集的全面化。在对以非物质文化遗产为代表的社会记忆内容进行认定以后，图书馆就要开展相关资源的搜集工作。借助数字化技术，图书馆可以完成对非物质文化遗产资源的深度挖掘和剖析。为了避免对原有资源的重复采集，图书馆需要对现存的非物质文化遗产记忆咨询进行分析整理，放在过去，这项工作需要大量的人力、物力；而在数字时代，只需要依托数据库就可以快速完成，节省成本、提高效率。非物质文化遗产记忆因其特殊性，不可能全部收录在文献典籍里面，数字化技术帮助图书馆突破了传统的记忆资源搜集方式，拓宽了搜集视野。图书馆可以走向社会，通过传统的实地走访以及多种互联网渠道向社会征集非物质文化遗产记忆资源。当然，在实地走访的过程中，不论是田野调查、个别访问还是交流座谈都需要应用到新媒体技术，以确保一手原始资料能够妥善保存和应用。网络渠道的应用主要是向社会公众征集寻找非物质文化遗产记忆的线索，比如通过微信公众平台、微博、论坛等新媒体平台发布线索征集信息；可以同支付宝等普及化程度高的手机端应用合作，共同发起非物质文化遗产记忆的线索征集活动；可以在图书馆内张贴二维码，吸引社会公众参与到非物质文化遗产记忆线索的征集中来；还可以充分利用图书馆社会记忆保护相关网站发布信息；此外，考虑到一些拥有丰富非物质文化遗产记忆的老年人习惯通过电视、广播、报纸等途径获取信息，图书馆还可以同大众媒体建立合作关系，在报纸上刊登非物质文化遗产记忆专题文章、在电视图书馆数字频道播放非物质文化遗产调查或宣传类节目；当然，图书馆也可以直接同其他民间组织、文化机构寻求合作，各方通过统一的平台共享非物质文化遗产记忆资源。

再次是建库保存的长久化。图书馆非物质文化遗产记忆留存工作的开展，理应遵循长久留存、规避干预、弥补缺损的原则，将传统手段与科技手段有机结合，切实发挥社会记忆功能。在此背景下，图书馆可以采取实体建库和虚拟建库两种保存社会记忆的方式。所谓实体建库，就是对实体形式非物质文化遗产记忆资源的保存，比如一些工艺品的保存，还有一些文献资料的保存。而虚拟建库则是将一些可以移动的非物质文化遗产记忆融入图书馆的非物质文化遗产数据库之中。这种数据化的保存形式确保了非物质文化遗产记忆能够长久地得以传承，且能够保存的记忆资源数量是不受限制的。

最后是发布传播的鲜活化。时间在流逝，人们对非物质文化遗产的记忆也开始走向对立面——遗忘。在以往，图书馆以书籍文献等文字形式发布传播非物质文化遗产记忆资源时，带给社会公众的感觉是单调、晦涩且乏味的，很难提起普通大众对非物质文化遗产的兴趣；而如今，在数字时代，图书馆可以依托数字化技术传播更具鲜活性的非物质文化遗产记忆，以喜闻乐见的形式倡导大众保护非物质文化遗产，逐步形成文化自觉。大量鲜活灵动的非物质文化遗产记忆都藏匿于民间深处，我们对这类记忆的保存不仅要注重内容的全面性，还要重视形态的原汁原味。数字化技术的应用，促使图书馆也可以留存那些鲜活灵动的非遗记忆。在数字时代，酒香不怕巷子深的理念早已过时，图书馆在非物质文化遗产记忆的发布传播方面也要做出相应的改变，利用网络渠道，让世界能够了解到鲜活的中国非遗记忆。

中华民族文化博大精深，前人的勤劳与智慧都嵌入了我国丰富的非物质文化遗产之中。先进数字化技术在非物质文化遗产记忆留存工作中的普及应用，保证了无论经过多少时光，我们的后人都能够真切地感受到非物质文化遗产的魅力，甚至可以身临其境般体验一些非物质文化遗产的表演过程、制作过程。人类文化终将走向更加繁荣的未来，而散落在时间角落里的吉光片羽、雪

第五章 非物质文化遗产传承与数字时代图书馆功能的扩展

泥鸿爪,也将被一一拾起,放进记忆的海洋中,鲜活灵动地世代相承,永久留存。

非物质文化遗产是劳动人民用智慧和双手创造的文化,是各民族乃至全人类的精神食粮。它们或诉说着民族的奋斗史,或记录着劳动人民巧夺天工的技艺,或表现着民族独有的艺术风韵。非物质文化遗产的保护是全社会义不容辞的责任,这也意味着其保护需要社会各界的广泛参与。图书馆作为人类记忆的保存机构,有着传承人类文明的职能,伴随着数字时代的到来,图书馆在非物质文化遗产保护方面的功能又得以进一步拓展,各大图书馆均在积极拥抱数字技术,充实非物质文化遗产相关的数字资源。越来越多的图书馆从业人员加入了非物质文化遗产的传播、传承以及发扬之中。事实上,数字时代图书馆参与非物质文化遗产的保护是一件双赢的好事,一方面,为非物质文化遗产的数字化保护贡献了重要力量,另一方面,也极大地丰富了图书馆的馆藏资源,与图书馆自身的建设和发展息息相关。不过,就目前而言,图书馆参与非物质文化遗产的保护传承还是一个比较新的研究领域,也是一个具有深厚文化底蕴的选题。我国图书馆在非物质文化遗产的保护传承方面已经取得了较多的成就,但也还有许多尚未解决的问题,比如涉及创作者、传承者、采集者的知识产权问题。随着时代的发展和进步,图书馆具备的功能在不断地改变和拓展,对于各大图书馆而言,应当及时重新定位自身功能,创新非物质文化遗产的保护方法和传播方式,以适应信息技术、经济以及教育科研等环境的变化,在非物质文化遗产的保护大业中最大限度地发挥光和热。

参考文献

[1] 董晓萍．中国民俗文化软实力发展战略专论 [M]．北京：商务印书馆，2015．

[2] 李欣．数字化保护——非物质文化遗产保护的新路向 [M]．北京：科学出版社，2011．

[3] 彭冬梅．非物质文化遗产数字化保护与传播研究——以剪纸艺术为例 [M]．济南：山东人民出版社，2014．

[4] 彭兆荣．文化遗产学十讲 [M]．昆明：云南教育出版社，2012．

[5] 秦枫．非物质文化遗产数字化生存与发展研究 [D]．中国科学技术大学，2017．

[6] 赵东．数字化生存下的历史文化资源保护与开发研究以陕西为中心 [D]．山东大学，2014．

[7] 牛金梁．非物质文化遗产智能化传播的数字技术赋权逻辑 [J]．湖南师范大学社会科学学报，2020，49（05）：150－156．

[8] 加小双，徐拥军．国内外记忆实践的发展现状及趋势研究 [J]．图书情报知识，2019（01）：60－66．

[9] 谈国新，张立龙．非物质文化遗产数字化保护与传承刍议

[J].图书馆,2019(04):79-84.

[10]刘慧琳.数字人文:数据时代下的文化保护与传承[J].山西档案,2019(05):72-79.

[11]李超.图书馆在我国非物质文化遗产保护中的作用探析[J].图书情报导刊,2017,2(01):14-17.

[12]赵跃,周耀林.国际非物质文化遗产数字化保护研究综述[J].图书馆,2017(08):59-68.

[13]范巧珍.广西音乐非物质文化遗产数字化保护初探[J].艺术科技,2017,30(09):31+150.

[14]苗慧.数字时代图书馆任务之刍议[J].新疆教育学院学报,2015,31(02):115-117.

[15]韩聪一.我国非物质文化遗产保护数据库存在的问题及改进方向[J].黑龙江史志,2015(11):70-71.

[16]张婷.省级公共图书馆地方文献资源建设与服务思考——以南京图书馆为例[J].新世纪图书馆,2015(08):47-49+57.

[17]陈胜利.公共数字文化资源建设的宏大实践——全国文化信息资源共享工程资源建设的现状与发展[J].图书馆杂志,2015,34(11):4-12.

[18]陈振旺,樊锦诗.文化科技融合在文化遗产保护中的运用——以敦煌莫高窟数字化为例[J].敦煌研究,2016(02):100-107.

[19] 赵宇翔，练靖雯．数字人文视域下文化遗产众包研究综述［J］．数据分析与知识发现，2021，5（01）：36－55．

[20] 喻虹．数字时代公共图书馆特色资源建设——以广西图书馆共享工程地方资源建设为例［J］．情报探索，2009（06）：61－63．

[21] 谭必勇，徐拥军，张莹．档案馆参与非物质文化遗产数字化保护的模式及实现策略研究［J］．档案学研究，2011（02）：69－74．

[22] 张小芳．对高校图书馆参与非物质文化遗产保护的若干思考［J］．情报探索，2008（03）：32－33．

[23] 贾菁．人工智能背景下非物质文化遗产数字化传播的进阶路向［J］．当代传播，2020（01）：98－101．

[24] 孟祥龙，赵国炳．联合国教科文组织保护传统体育与游戏的全球实践及启示［J］．体育文化导刊，2020（02）：39－45+52．

[25] 周耀林，刘晗．数字记忆建构：缘起、理论与方法［J］．山东社会科学，2020（08）：50－59．

[26] 王志华．非物质文化遗产传承与数字时代图书馆功能的拓展［J］．绍兴文理学院学报（哲学社会科学），2010，30（01）：101－106．